Antiguos Secretos Bíblicos Desvelados

Antiguos Secretos Bíblicos Desvelados

Larry HUCH

WHITAKER
HOUSE

Traducción al español realizada por:
Belmonte Traductores
Manuel de Falla, 2
28300 Aranjuez
Madrid, ESPAÑA
www.belmontetraductores.com

ANTIGUOS SECRETOS BÍBLICOS DESVELADOS:
Cómo recibir los milagros que ha estado esperando

(Publicado originalmente en inglés bajo el título:
Unveiling Ancient Biblical Secrets:
Receiving the Miracles You Have Been Waiting For)

Larry Huch Ministries
P.O. Box 610890
Dallas, TX 75261
www.LarryHuchMinistries.com / www.newbeginnings.org

ISBN: 978-1-60374-266-5
Impreso en los Estados Unidos de América

Whitaker House
1030 Hunt Valley Circle
New Kensington, PA 15068
www.whitakerhouse.com

Por favor, envie sugerencias sobre este libro a: comentarios@whitakerhouse.com.

1 2 3 4 5 6 7 8 9 10 18 17 16 15 14 13 12

Dedicatoria

Este libro está dedicado a mis hijos y sus cónyuges, quienes comparten nuestra pasión y amor por Dios, su Palabra, su pueblo y nuestro ministerio. Ustedes son personas maravillosas y una parte integral de nuestro equipo ministerial. A nuestra hija Anna y su esposo Brandin; nuestro hijo Luke y su esposa Jen, y nuestra hija Katie: sus mismas vidas validan mi propósito y llenan mi vida de gozo.

A mis "dulces" nietos, Asher, Judah y Aviva Shalom, que son la luz y el gozo de mi vida. Y por encima de todos, a mi esposa Tiz, que durante más de treinta y cinco años ha sido mi inspiración, gozo y amor. Tú le das gozo a todo lo que hago.

Contenido

Introducción

Todo maestro de la ley que ha sido instruido acerca del reino de los cielos es como el dueño de una casa, que de lo que tiene guardado saca tesoros nuevos y viejos. (Mateo 13:52, NVI)

La tradición judía sugiere que nadie puede ni siquiera intentar entender la verdadera sabiduría concerniente a las cosas de Dios hasta que no llegue a los sesenta años. Como recientemente cumplí los sesenta, imagino que ahora estoy oficialmente preparado para ser considerado sabio, ¡aunque estoy seguro de que habrá muchos que no pensarán lo mismo! Durante mis treinta y cinco años como cristiano, he perseguido la búsqueda de la sabiduría y el conocimiento de Dios. Como pastor, he buscado al Señor y escudriñado su Palabra a fin de encontrar algunas llaves que abran más de su unción y su poder milagroso.

Durante este viaje, comencé a reconocer que había una gran distancia entre lo que Dios ha prometido en su Palabra y lo que en realidad se manifiesta en las vidas de los creyentes. Si ha leído mis libros anteriores *Libre al Fin* y *La Bendición Torá*, sabrá que mi viaje me ha llevado a una búsqueda interminable de las antiguas raíces judías de nuestra fe. Puedo decirle honestamente que ha sido el viaje más emocionante de mi vida espiritual. Al estudiar intensamente la Palabra de Dios, ¡Él me ha revelado misterios increíbles y ha liberado milagros sobrenaturales! Tiz y yo hemos visto más milagros y de mayor envergadura en estos últimos años que en todos nuestros años anteriores juntos. Por eso soy tan apasionado con lo que el Señor me ha estado revelando. ¡Lo que Dios ha hecho por mí, también lo hará por usted! Los milagros que le hemos visto hacer en nuestras vidas, y en las vidas de otros, ¡está a punto de hacerlos también en su vida!

En el antiguo lenguaje hebreo no hay un equivalente para la palabra *coincidencia*. Por tanto, si está leyendo este libro, creo que Dios le ha llevado a sumergirse conmigo en este viaje increíble. Sin embargo, tengo que decirle ¡que es un viaje interminable! Cuanto más comience a entender, más hambre tendrá de saber. Cuanto más experimente la manifestación de las promesas de pacto de Dios, más se dará cuenta de lo que se ha estado perdiendo y de lo que tiene a su disposición. Y cuanto más haga Dios por usted, más querrá ver cómo lo hace también por otros.

En el Nuevo Testamento, Jesús dijo: *"Todo maestro de la ley que ha sido instruido acerca del reino de los cielos es como el dueño de una casa, que de lo que tiene guardado saca tesoros nuevos y viejos"*. Por favor, tenga esto en mente mientras lea este libro. Estudiaremos la Palabra de Dios a través de los ojos de un Mesías judío: desde la perspectiva de lo "nuevo" y de lo "viejo". A medida que son desveladas estas antiguas verdades bíblicas, ¡se desatará en su vida lo milagroso!

Permítame enseñarle un ejemplo de esto en un pasaje con el que probablemente esté familiarizado ya. Dice en Eclesiastés:

> *Mejores son dos que uno; porque tienen mejor paga de su trabajo. Porque si cayeren, el uno levantará a su compañero; pero ¡ay del solo! que cuando cayere, no habrá segundo que lo levante. También si dos durmieren juntos, se calentarán mutuamente; mas ¿cómo se calentará uno solo? Y si alguno prevaleciere contra uno, dos le resistirán; y cordón de tres dobleces no se rompe pronto.* (Eclesiastés 4:9–12)

Durante la mayor parte de este pasaje, Salomón, el autor de Eclesiastés, hace referencia a dos cordones. Por la enseñanza hebrea, sabemos que estos dos cordones representan el pacto entre usted y Dios. Lo que Dios está diciendo es esto: "Si tú caes, yo te levantaré; si tienes frío, te calentaré; si tienes hambre, te alimentaré". Después, en el último versículo, dice: "*Cordón de tres dobleces no se rompe pronto*". En hebreo, ese tercer cordón representa a un maestro que es su amigo. No basta con tener un pacto entre usted y Dios; también necesita a alguien que le enseñe. Necesita a un amigo que le guíe.

Uno de los propósitos de este libro es ponerme a su lado, como amigo y maestro, para guiarle y enseñarle los secretos del pacto entre usted y Dios. Así, durante un tiempo, ¿me permitirá ser su amigo para guiarle en este viaje?

Este libro no sólo tendrá un impacto en sus percepciones personales de la Palabra de Dios, sino que también tendrá un impacto tremendo en su vida personal, su familia, su economía y su futuro; no algún día lejano, ¡sino ahora!

Quizá haya oído la profecía que dice que Jesús regresará a Jerusalén, que va a reconstruir el tabernáculo de David. Sin embargo, antes de que Dios pueda construir un tabernáculo físico de David en Jerusalén, va a edificar el tabernáculo espiritual de David en su corazón y en su vida.

Hay tres diferencias en el tabernáculo de David que lo hacían diferente a los demás templos. En primer lugar, el nivel de alabanza en la adoración era sobrenatural y profético. Fue inspirado por Dios y liberó una unción sobrenatural que transformó los corazones y las vidas de las personas. En segundo lugar, no había Lugar Santísimo, y por tanto no había separación entre Dios y el hombre. En tercer lugar, y esto es lo más importante, no había ningún muro intermedio que dividiera a los gentiles y a los judíos. Todo el que servía a Dios, todos los que amaban al Dios de Abraham, Isaac y Jacob, estudiaban y adoraban a Dios juntos.

Otro de los propósitos de este libro es derribar ese muro que divide a judíos y gentiles. ¿Qué ocurrirá cuando derribemos ese muro? ¡Lo mismo que ocurrió en el tabernáculo de David! Dios caminaba entre su pueblo sin separación, y había señales y maravillas. Al leer este libro, Dios no sólo desvelará sus misterios, sino que también saldrá de detrás del velo y caminará por su vida, liberando señales, prodigios y milagros. Después, ¡la revelación de estos antiguos misterios y verdades revelará el poder y la unción del Señor!

Reconstruyamos el tabernáculo de David en nuestro corazón y trabajemos por la reconstrucción del tabernáculo de David en el mundo.

¡Prepárese para todo lo que será desvelado!

—Larry Huch

Parte I

Desvelando a los hijos de milagros

1

Ha sido usted creado para la grandeza

Al que persigue la grandeza, ésta le esquivará; al que huye de la grandeza, le perseguirá.

—Proverbio hebreo

Para algunos, Dios es grande porque hace que sople el viento, Para otros, su grandeza tiene que ver más con el hecho de que Él creó todo el universo (tiempo y espacio, materia y energía) de la nada. Pero Dios está muy por encima de cualquiera de esas cosas. Dios es tan grande que se inclina a escuchar las oraciones de un niño pequeño. Él diseña los campos y los bosques pero también pinta los pétalos de cada una de las flores. ¡Qué grande es el Dios al que servimos! Y usted, amigo, ha sido creado a su imagen (véase Génesis 1:26–27). Por tanto, ¡usted ha sido creado para la grandeza!

Cuando Tiz y yo comenzamos nuestra primera iglesia en Santa Fe, Nuevo México, estábamos llenos de pasión, celo y emoción. Veíamos a cientos de adolescentes salir de las pandillas, entregar sus vidas al Señor y ser liberados de una vida de drogas, violencia y delitos. De hecho, en nuestros tres años de ministerio en Santa Fe, ¡vimos a más de seis mil niños entregar sus vidas al Señor! Quizá le cueste creer que, sólo unos pocos meses después de haber comenzado, me ocurrió algo que estuvo a punto de derrotarme y alejarme del ministerio.

Un domingo en la mañana, mientras estaba predicando, un hombre entró en la iglesia y se quedó de pie en el fondo, mirándome fijamente. Después meneó su cabeza, se dio la vuelta y se fue. Ocurrió el mismo incidente cada domingo durante las siguientes semanas. Un día, invité a un orador a compartir en uno de nuestros servicios las tardes de los miércoles. Tras dar comienzo a la reunión y entregársela al orador invitado, fui al fondo y me quedé de pie junto a la puerta. En efecto, unos minutos después el mismo hombre entró en la reunión, se quedó de pie durante unos minutos y luego se fue. Le seguí hasta el estacionamiento y le dije: "Caballero, discúlpeme, ¿le puedo ayudar de alguna manera?".

Él se dio la vuelta y gritó: "¡Usted no tiene derecho! ¡No tiene derecho! ¡No tiene derecho a predicar el evangelio!". Entonces comenzó a decir cosas que yo había hecho en el pasado, cosas que nadie más sabía. Sus palabras se me clavaron en el corazón. Me quedé allí mudo mientras él se alejaba furioso. Todas las cosas horribles que yo había hecho en el pasado, antes de conocer al Señor, comenzaron a inundar mi mente. Una nube de condenación se asentó sobre mis pensamientos y emociones, y pensé: *Tiene razón. No tengo derecho a predicar el evangelio. He hecho cosas terribles; no tengo derecho a estar en el santo púlpito de Dios y predicar su Palabra.*

En ese momento Dios me habló, diciendo: *¡Nunca permitas que nadie saque los pecados de tu pasado! ¡No permitas que nadie te condene por lo que yo ya he limpiado! ¡Nunca dejes que otros te aparten de lo que yo te he llamado a hacer!*

Con esas palabras, Dios me liberó de lo que el enemigo estaba intentando hacer. Desde ese momento, nunca he vuelto a mirar atrás.

Escuche, Satanás siempre va a recordarle su pasado para traer condenación sobre su vida. Por eso la Biblia le llama *"el acusador de nuestros hermanos"* (Apocalipsis 12:10, NVI). Esas acusaciones son las armas más poderosas y eficaces que usará para intentar derrotarnos y destruirnos; pero sólo funcionarán *si* permitimos que nos afecten. El Señor me liberó de mi pasado hace más de treinta años, y hará lo mismo por usted hoy. *"Así que, si el Hijo os libertare, seréis verdaderamente libres"* (Juan 8:36).

Cuando el enemigo le acuse de su pasado, ¡tan sólo recuérdele su futuro!

> *Cuanto está lejos el oriente del occidente, hizo alejar de nosotros nuestras rebeliones.* (Salmos 103:12)

> *El volverá a tener misericordia de nosotros; sepultará nuestras iniquidades, y echará en lo profundo del mar todos nuestros pecados.* (Miqueas 7:19)

Cuando Dios nos limpia de los pecados de nuestro pasado, los arroja a lo más profundo del mar. Después, pone un cartel que dice: "¡Prohibido pescar!".

Renovar su mente

Sin embargo, para poder vencer totalmente los pecados de su pasado, tiene que cambiar su manera de pensar. La Biblia dice: *"Porque cual es su pensamiento en su corazón, tal es él"* (Proverbios 23:7). Más adelante hablaré del poder del pensamiento, pero por ahora permítanme comenzar con *"la renovación de nuestro entendimiento"* (Romanos 12:2).

Cuando Dios nos limpia de los pecados de nuestro pasado, los arroja a lo más profundo del mar.

Deuteronomio 28 deja claro que si servimos a Dios y guardamos sus mandamientos, seremos bendecidos mucho más de lo que podamos imaginar.

> *Y vendrán sobre ti todas estas bendiciones, y te alcanzarán, si oyeres la voz de Jehová tu Dios. Bendito serás tú en la ciudad, y bendito tú en el campo. Bendito el fruto de tu vientre, el fruto de tu tierra, el fruto de tus bestias, la cría de tus vacas y los rebaños de tus ovejas. Benditas serán tu canasta y tu artesa*

> *de amasar. Bendito serás en tu entrar, y bendito en tu salir.* (Deuteronomio 28:2–6)

Pero si nos olvidamos de Dios y rechazamos sus mandamientos, abrimos nuestras vidas a todo tipo de destrucción.

> *Pero acontecerá, si no oyeres la voz de Jehová tu Dios, para procurar cumplir todos sus mandamientos y sus estatutos que yo te intimo hoy, que vendrán sobre ti todas estas maldiciones, y te alcanzarán. Maldito serás tú en la ciudad, y maldito en el campo. Maldita tu canasta, y tu artesa de amasar. Maldito el fruto de tu vientre, el fruto de tu tierra, la cría de tus vacas, y los rebaños de tus ovejas. Maldito serás en tu entrar, y maldito en tu salir.* (versículos 15–19)

No obstante, no debemos tener temor a eso, porque he descubierto que Dios ha hecho fácil el que seamos bendecidos. No es un gran misterio. Él nos ha dado una guía fácil de seguir hacia todas sus bendiciones: su ley. De hecho, contrariamente a lo que muchos de ustedes probablemente hayan oído, la ley de Dios no es cuestión de reglas y legalismo, ¡sino de revelar un camino hacia todas sus bendiciones y su bondad!

Mi objetivo al revelarle estas verdades no es que podamos así convertirnos en eruditos bíblicos, ¡sino más bien lo que pretendo es desvelar estas antiguas verdades ocultas para que Dios pueda liberar todo su poder milagroso y sus bendiciones sobre su vida! Sé que cada uno de nosotros quiere experimentar una vida feliz, bendecida y próspera. Lo que quizá le sorprenda es que, incluso más de lo que usted quiere eso, ¡Dios nuestro Padre así lo quiere para nosotros!

En Hechos 8, leemos el relato de una discusión entre el apóstol Felipe y un eunuco etíope al que le costaba trabajo entender el libro de Isaías. Felipe preguntó: *"Pero ¿entiendes lo que lees?"* (versículo 30). El eunuco respondió: *"¿Y cómo podré, si alguno no me enseñare?"* (versículo 31). Después, en Lucas, está escrito que Dios *"les abrió el entendimiento, para que comprendiesen las Escrituras"* (Lucas 24:45).

Permítame decirlo una vez más: el propósito de este libro es ponerme a su lado, como un amigo y maestro, guiándole y revelándole los secretos del pacto existente entre usted y Dios. Oro para que Dios abra su mente y su corazón, como lo hizo conmigo, para que comience a entender las Escrituras y su sorprendente amor.

Cuando comencé a servir a Dios, me dijeron que a Él no le importaba nuestra vida terrenal tanto como le importaba nuestra vida futura en el cielo. No le importaba si yo tenía o no una casa o un automóvil. Las personas que me decían esas cosas incluso llegaron a sugerir que, en esta vida, Dios nos "probaría" con varias enfermedades, dificultades y calamidades.

Después, cuando Tiz y yo estábamos pastoreando una iglesia en Australia, ocurrió algo que cambió mi vida. Tuve una visión de Dios en la que vi un gran derramamiento de su poder y unción. Vi a Dios inundando a su pueblo de favor y bendiciones. Eso fue una conmoción para mí porque la imagen mental que yo tenía de Él era la de un "Dios enojado".

Mientras tenía esa visión, me sobrecogió el amor y la bondad de Dios. Le dije: "Quiero ser parte de esto. ¿Qué tengo que hacer para que me uses para tocar a la gente de esta manera?". Pensaba que la respuesta de Dios sería que debía sufrir antes de poder ver esas cosas, pero no fue así. En cambio, esto es lo que Dios me dijo: *Dile a mi pueblo que soy un Dios bueno.* ¡Qué revelación! Dios es un Dios *bueno*, y no un tirano. Él no está enojado ni enfadado, ni es malo.

Luego, Dios trajo estos versículos a mi corazón:

> *Porque los ojos de Jehová contemplan toda la tierra, para mostrar su poder a favor de los que tienen corazón perfecto para con él.* (2 Crónicas 16:9)

> *Porque a vuestro Padre le ha placido daros el reino.* (Lucas 12:32)

> *Amado, yo deseo que tú seas prosperado en todas las cosas, y que tengas salud, así como prospera tu alma.* (3 Juan 1:2)

Los rabinos nos enseñan que Dios nos ha creado para la grandeza. No nos creó para fracasar, ni para estar enfermos, ser pobres, caer y sufrir. De hecho, Dios está tan decidido a que caminemos en grandeza que ha firmado un contrato con nosotros con la sangre de su propio Hijo Jesús. Se llama un *pacto*.

Su pacto con Dios

En nuestro mundo moderno, la palabra *pacto* no tiene mucho significado. Hace una generación, se podía hacer negocios con un acuerdo sellado con un apretón de manos. La palabra de una persona significaba mucho. Una persona de honor era alguien que cumplía su palabra. Actualmente, es raro confiar en la palabra de alguien. El axioma moderno de los negocios es: "Redacta un contrato firmado, ¡por triplicado!".

El principio sobre el que Tiz y yo basamos nuestras vidas es este: Si Dios lo dice, lo cumple, ¡y eso lo zanja todo!

> *Los seres humanos juran por alguien superior a ellos mismos, y el juramento, al confirmar lo que se ha dicho, pone punto final a toda discusión. Por eso Dios, queriendo demostrar claramente a los herederos de la promesa que su propósito es inmutable, la confirmó con un juramento... es imposible que Dios mienta... Tenemos como firme y segura ancla del alma una esperanza que penetra hasta detrás de la cortina del santuario.* (Hebreos 6:16–19, NVI)

Cuando Dios da su palabra con respecto a algo, ¡usted y yo podemos saber que así será! Es imposible que Dios mienta.

El pacto entre usted y Dios

La mayoría de los cristianos no llegan a entender del todo la palabra *pacto*. De hecho, existe un secreto que quiero enseñarle.

Jesús enseñó sobre los pactos bíblicos cuando dijo:

> *Este es mi mandamiento: Que os améis unos a otros, como yo os he amado. Nadie tiene mayor amor que*

este, que uno ponga su vida por sus amigos. Vosotros sois mis amigos, si hacéis lo que yo os mando. Ya no os llamaré siervos, porque el siervo no sabe lo que hace su señor; pero os he llamado amigos, porque todas las cosas que oí de mi Padre, os las he dado a conocer. No me elegisteis vosotros a mí, sino que yo os elegí a vosotros, y os he puesto para que vayáis y llevéis fruto, y vuestro fruto permanezca; para que todo lo que pidiereis al Padre en mi nombre, él os lo dé.

(Juan 15:12–16)

Es importante entender que Jesús dijo que hablaba lo que había oído del Padre. Aquí, Jesús nos dio cinco puntos poderosos que caracterizan un pacto entre dos personas; en este caso, usted y Dios. Primero, este pacto se hace porque Jesús le ama. *"Este es mi mandamiento: Que os améis unos a otros, como yo os he amado"*. Segundo, Jesús le ama tanto que estuvo dispuesto a morir por usted. *"Nadie tiene mayor amor que este, que uno ponga su vida por sus amigos"*. Tercero, Jesús no le ve como si no tuviera dignidad. *"Ya no os llamaré siervos... pero os he llamado amigos"*. Cuarto, debido a este pacto de amor, Jesús no se quedará con nada. *"Todas las cosas que oí de mi Padre, os las he dado a conocer"*. Quinto, debido a este pacto, usted recogerá una cosecha de bendición, gozo, paz, prosperidad, salud y felicidad. *"Para que vayáis y llevéis fruto, y vuestro fruto permanezca; para que todo lo que pidiereis al Padre en mi nombre, él os lo dé"*.

El pacto entre David y Jonatán

Uno de los mayores ejemplos de pacto en la Biblia es el que hicieron David y Jonatán. Veamos cómo ese patrón de pacto refleja el pacto de Dios con nosotros. Es un pacto entre David, un pastor desconocido, y Jonatán, el hijo de un rey.

El alma de Jonatán quedó ligada con la de David, y lo amó Jonatán como a sí mismo. Y Saúl le tomó aquel día, y no le dejó volver a casa de su padre. E hicieron

> *pacto Jonatán y David, porque él le amaba como a sí mismo. Y Jonatán se quitó el manto que llevaba, y se lo dio a David, y otras ropas suyas, hasta su espada, su arco y su talabarte. Y salía David a dondequiera que Saúl le enviaba, y se portaba prudentemente. Y lo puso Saúl sobre gente de guerra, y era acepto a los ojos de todo el pueblo, y a los ojos de los siervos de Saúl.* (1 Samuel 18:1–5)

Lo primero y más destacado que vemos es que Jonatán hizo un pacto con David por una razón: le amaba. *"El alma de Jonatán quedó ligada con la de David, y lo amó Jonatán como a sí mismo"*. Jonatán amaba a David como a su propia alma.

David era un pobre pastorcito. Cuando el profeta Samuel fue a ver a Isaí, padre de David, para ungir a uno de sus hijos como el siguiente rey, Isaí nunca consideró que David pudiera ser un candidato.

> *Jehová respondió... Y llama a Isaí al sacrificio, y yo te enseñaré lo que has de hacer; y me ungirás al que yo te dijere. Hizo, pues, Samuel como le dijo Jehová; y luego que él llegó a Belén, los ancianos de la ciudad salieron a recibirle con miedo, y dijeron: ¿Es pacífica tu venida? El respondió: Sí, vengo a ofrecer sacrificio a Jehová; santificaos, y venid conmigo al sacrificio. Y santificando él a Isaí y a sus hijos, los llamó al sacrificio. Y aconteció que cuando ellos vinieron, él vio a Eliab, y dijo: De cierto delante de Jehová está su ungido. Y Jehová respondió a Samuel: No mires a su parecer, ni a lo grande de su estatura, porque yo lo desecho; porque Jehová no mira lo que mira el hombre; pues el hombre mira lo que está delante de sus ojos, pero Jehová mira el corazón. Entonces llamó Isaí a Abinadab, y lo hizo pasar delante de Samuel, el cual dijo: Tampoco a éste ha escogido Jehová. Hizo luego*

pasar Isaí a Sama. Y él dijo: Tampoco a éste ha elegido Jehová. E hizo pasar Isaí siete hijos suyos delante de Samuel; pero Samuel dijo a Isaí: Jehová no ha elegido a éstos. (1 Samuel 16:2–10)

Dios no escogió a ninguno de los siete hijos que Isaí había llevado ante Samuel.

Entonces dijo Samuel a Isaí: ¿Son éstos todos tus hijos? Y él respondió: Queda aún el menor, que apacienta las ovejas. (versículo 11)

Puede que nunca entendamos por qué Isaí no pensó en llevar a David. Por alguna razón, nunca pensó que Dios pudiera usar a alguien como David. Me gustaría darle a Isaí el beneficio de la duda suponiendo que David estaba lejos, en lo alto de las montañas, cuidando de las ovejas de su padre; pero tristemente, ese no era el caso. Isaí dijo: *"Queda aún el menor, que apacienta las ovejas"*. David estaba a la vista de su padre, y sin embargo no pensó en él como un posible candidato. Eso es lo que el diablo les dice a muchas personas. "Dios nunca te usará, bendecirá o ungirá. No eres el más alto, el más rápido o el más fuerte. ¿Por qué te escogería a ti?".

Usted y yo no somos aptos a ojos de Dios por quiénes *somos*, ¡sino por quién es *Él*!

Debe entender algo: usted y yo no somos aptos a ojos de Dios por quiénes *somos*, ¡sino por quién es *Él*!

Estar en *pacto* significa *identificarse permanentemente* con la otra parte, manteniendo una *lealtad total* a una relación que es *más sagrada que la vida misma*, y *considerar el costo* de lo que este acuerdo afectará a su vida.

1. Identificarse permanentemente

Vuelva a leer 1 Samuel 18:3: *"E hicieron pacto Jonatán y David"*. En hebreo, este versículo es un poco diferente. En la tradición hebrea, los pactos no se firman, se *cortan*. Cuando David y Jonatán cortaron el pacto, se cortaron físicamente las palmas de las manos con un cuchillo. Después de hacerse los cortes, se untaron las heridas con cenizas de una hoguera. Al sanar las heridas, los oscurecidos tejidos de sus cicatrices hacían que los hombres quedaran permanentemente identificados el uno con el otro. No importaba lo que ocurriera en el futuro, esas cicatrices eran evidencia de que esos dos hombres estaban identificados y ligados permanentemente el uno con el otro.

De forma similar, las cicatrices de los clavos en las manos de Jesús son un recordatorio de que Él está permanentemente en pacto con nosotros. Cuando recibimos a Jesús, recordamos que estamos permanentemente identificados con Él. Dios nos dijo que *"amigo hay más unido que un hermano"* (Proverbios 18:24). En Juan 3:16, Jesús nos habló de la forma tan comprometida en la que Dios entraría en pacto con nosotros: *"Porque de tal manera amó Dios al mundo, que ha dado a su Hijo unigénito"*. Si nuestro Dios y Salvador sacrificó tanto para hacer este pacto tan profundo con nosotros, es legítimo que deberíamos cumplir con nuestra parte del pacto. No nos avergoncemos del evangelio de Jesucristo. Dondequiera que vayamos, digámosle a la gente que el reino de los cielos se ha acercado. Compartamos y demostremos el increíble amor de Dios, dondequiera que vayamos, ¡con todo el que nos encontremos!

2. Lealtad total

Incluso corriendo el riesgo de ir contra su propio padre, Jonatán permaneció leal a David. De igual forma, Dios es totalmente leal a nosotros.

> *Jehová tu Dios es el que va contigo; no te dejará, ni te desamparará.* (Deuteronomio 31:6)

> *Porque él* [Dios] *dijo: No te desampararé, ni te dejaré.* (Hebreos 13:5)

A cambio, debemos ser totalmente leales a Jesús. Serviré al Señor con todo mi corazón, con todas mis fuerzas y con toda mi alma.

3. Más sagrado que la vida misma

Al hacer un pacto con David, Jonatán estuvo dispuesto a arriesgar su propia vida para salvar la de David. Jesús lo sacrificó todo por nosotros. Nadie le arrebató su vida, sino que Él la entregó por nosotros. *"En esto hemos conocido el amor, en que él* [Jesús] *puso su vida por nosotros; también nosotros debemos poner nuestras vidas por los hermanos"* (1 Juan 3:16).

4. Considerar el costo

Jonatán sabía que ser leal a David le costaría su reino. Jesús, permaneciendo leal a la causa, consideró el costo cuando oró: *"Padre, si quieres, pasa de mí esta copa; pero no se haga mi voluntad, sino la tuya"* (Lucas 22:42). Siendo Dios, Jesús sabía lo que le costaría establecer un pacto con nosotros. Conocía los golpes y los latigazos y la tortura que le esperaban, y sin embargo, dijo: "Estoy dispuesto a considerar el costo. No se haga mi voluntad, sino la de Dios". Para que podamos considerar el costo, debemos estar dispuestos a *"id por todo el mundo y predicad el evangelio a toda criatura"* (Marcos 16:15).

¿Por qué el Dios todopoderoso establece un pacto con *usted*? Por la misma razón que Jonatán hizo un pacto con David: le amaba. Jonatán era rico y poderoso; David era un pastor. David no tenía dinero ni poder, y no conocía a gente importante. David no tenía nada que ofrecer al hijo de un rey. ¿Entonces, por qué hizo Jonatán un pacto con un "don nadie"? Le amaba. Escuche lo que Jesús dice de usted y de mí.

> *Nadie tiene mayor amor que este, que uno ponga su vida por sus amigos... Ya no os llamaré siervos... pero os he llamado amigos.* (Juan 15:13, 15)

Cuando tenemos a alguien con quien nos gusta estar, le consideramos un amigo. Pasamos tiempo con él, salimos juntos a comer, al cine o a un partido de fútbol. Pero en los tiempos de Jesús, así como en el tiempo de David y Jonatán, un amigo era algo más que eso. En la tradición hebrea, un amigo es alguien con el que estoy comprometido, alguien por el que haré todo lo que esté en mi mano para protegerle. Es una persona de la que me aseguraré que tenga éxito en todo lo que haga.

Eso es lo que Jesús le estaba diciendo. Usted no es un "don nadie". Usted no está solo. No escuche lo que le dice el diablo. ¿Por qué vino Jesús? *"Porque de tal manera amó Dios al mundo, que ha dado a su Hijo unigénito"* (Juan 3:16). Jesús vino porque Dios le ama. Después Jesús nos recuerda: *"Ya no os llamaré siervos... pero os he llamado amigos"*. A través de Jesús, usted ya no es un pastor, cuidando las ovejas en el desierto, sino que ahora es amigo y compañero de pacto de Dios. Ahora Dios está comprometido con usted, y ocupado en verle prosperar en cada área de su vida: en su casa, matrimonio, familia, economía y salud.

Dios está comprometido con usted, y ocupado en verle prosperar en cada área de su vida.

Así como David no tenía mucho que ofrecerle a Jonatán, usted y yo tenemos incluso menos que ofrecerle a Jesús, el Hijo de Dios. Entonces, ¿por qué hace Dios este pacto de éxito con usted y conmigo? Por la misma razón que lo hizo Jonatán: ¡Él nos ama!

El éxito del pacto

Examinemos con más detenimiento el pacto que hicieron David y Jonatán.

Vestido de autoridad

Una de las primeras cosas que ocurrió fue que *"Jonatán se quitó el manto que llevaba, y se lo dio a David"* (1 Samuel 18:4). Imagínese las ropas que David, siendo pastor, debía de llevar. Probablemente estaban sucias y malolientes debido a su trabajo en el campo cada día con las ovejas, desgastadas y manchadas por el uso. Y como David acababa de matar a Goliat, probablemente estarían llenas de sudor y de la sangre del filisteo impío. En cuestión de momentos, las vestiduras sucias y estropeadas de David fueron intercambiadas por una túnica dc realeza. Después, según 1 Samuel 18:5: *"Y salía David a dondequiera que Saúl le enviaba... y era acepto a los ojos de todo el pueblo, y a los ojos de los siervos de Saúl"*. Cuando Jonatán puso la túnica de realeza sobre los hombros de David, no fue un teatro, sino una señal de autoridad. Quizá David fuera sólo un pastor, alguien a quien incluso su padre menospreció, pero en el momento en que Jonatán hizo un pacto con él y le puso la túnica de realeza, todo cambió. De hecho, Jonatán estaba diciéndole al mundo: "Escuchen todo lo que diga David. ¡Desde ahora en adelante, cuando él hable, hablará por mi reino!".

Eso es lo que Jesús ha hecho por usted y por mí. Uno de los mayores engaños que el enemigo usará es hacer que no entienda quién es usted. Al igual que David, usted y yo aparecimos ante Dios con harapos, pero también al igual que David, esos trapos de inmundicia han sido reemplazados. *"Si vuestros pecados fueren como la grana, como la nieve serán emblanquecidos; si fueren rojos como el carmesí, vendrán a ser como blanca lana"* (Isaías 1:18). El apóstol Pablo escribió: *"Y si hijos, también herederos; herederos de Dios y coherederos con Cristo, si es que padecemos juntamente con él, para que juntamente con él seamos glorificados"* (Romanos 8:17).

Permítame hacerle una pregunta: ¿Es usted hijo de Dios? Si su respuesta es sí, entonces el resto de lo que dice Pablo es cierto. Usted es un heredero, coheredero con Cristo Jesús. Eso es exactamente lo que ocurrió entre David y Jonatán. Eso es lo que Jesús le está diciendo: "Ya no eres un siervo, sino un amigo. Mi poder es tu poder; mi autoridad es tu autoridad". David recibió eso, y todo el pueblo del reino reconoció la nueva autoridad de David. Incluso los oficiales del reino de Saúl vieron la autoridad que David tenía ahora. Es importante que usted vea la autoridad que tiene a través del pacto con Jesús.

¿Cómo ora usted? Así es como ora la mayoría de la gente: "Señor Jesús, te pido que me des un trabajo". "Señor Jesús, te pido que sanes mi cuerpo". "Señor Jesús, te pido que mi hijo salga de las drogas". Si ora así, esa es la principal razón por la que no ve respuesta a sus oraciones. Si le estamos pidiendo a Jesús sanidad, bendición o liberación, le estamos pidiendo que haga algo que ya ha hecho. Cuando Jesús murió en la cruz, dijo en voz alta estas palabras para que todo el mundo lo oyera: *"Consumado es"* (Juan 19:30). Él ya lo ha hecho por usted. Ahora, quiere que se quite sus ropas de siervo y las reemplace por la túnica de autoridad.

¡Usted tiene las llaves!

Mire lo que Jesús le dijo a Pedro en Mateo:

> *Y a ti te daré las llaves del reino de los cielos; y todo lo que atares en la tierra será atado en los cielos; y todo lo que desatares en la tierra será desatado en los cielos.* (Mateo 16:19)

Jesús hace referencia a una llave. Las llaves son un símbolo de autoridad. Cuando alguien tiene las llaves, tiene el poder, o autoridad, para abrir puertas, arrancar motores o abrir cerrojos. El que tiene las llaves tiene el poder y la autoridad.

Antes de que existiera el tiempo, sólo Dios tenía la autoridad. Pero en el libro del Génesis, Dios creó a la humanidad y les dio, a nosotros, las llaves, o la autoridad. Después del pecado de Adán y Eva, esas llaves cayeron en manos del diablo. La humanidad, por medio de la desobediencia a Dios, perdió su autoridad, y el diablo ha estado jugando con la humanidad desde entonces.

Después vino Jesús. Jesús obedeció a Dios en el huerto de Getsemaní, diciendo: *"Padre, si quieres, pasa de mí esta copa; pero no se haga mi voluntad, sino la tuya"* (Lucas 22:42). El camino al Calvario había comenzado. Jesús no solamente murió por nuestros pecados, sino que también nos reconectó con todas las promesas de Dios por el derramamiento de su sangre. Tras la muerte de Jesús, y mientras su cuerpo físico estaba sellado en el sepulcro, su espíritu fue a las puertas del Hades, donde derrotó al diablo y recuperó la llaves de la autoridad. *"Y el que vivo, y estuve muerto; mas he aquí que vivo por los siglos de los siglos, amén. Y tengo las llaves de la muerte y del Hades"* (Apocalipsis 1:18).

Jesús no solamente murió por nuestros pecados, sino que también nos reconectó con todas las promesas de Dios por el derramamiento de su sangre.

Luego, vea la declaración que Jesús le hace a Pedro: *"Y a **ti** te daré las llaves del reino de los cielos; y todo lo que **atares** en la tierra será atado en los cielos; y todo lo que **desatares** en la tierra será desatado en los cielos"* (énfasis añadido). Así como Jonatán, por medio de un pacto, le dio a David autoridad, Jesús nos ha dado a usted y a mí autoridad. Debido a su pacto, David tenía la autoridad del rey respaldándole. Usted y yo tenemos la autoridad no de un rey, sino del Rey de Reyes.

Usted dice: "Señor, mis hijos son drogadictos. Por favor, quita las drogas de sus vidas". Jesús dice: "¿Acaso no entiendes? Te he dado las llaves. Todo lo que ates será atado. Todo lo que reprendas será reprendido".

¿Se imagina lo que ocurriría si todos los creyentes entendieran la autoridad que tenemos en el nombre de Jesús? David reconoció su autoridad a través del pacto con Jonatán, y muchos otros también lo entendieron. Ahora le toca a usted. El reino de Dios respaldará todo lo que usted ate. El reino de Dios respaldará todo lo que usted desate. Es tiempo de ponerse el *"manto de alegría en lugar del espíritu angustiado"* (Isaías 61:3). Quítese el manto de pobreza; póngase la túnica de prosperidad del Rey. Quítese el manto de fracaso; póngase en la túnica de éxito. A partir de ahora, cuando el diablo le diga: "¿Quién te crees que eres?", dígale: "¡Soy amigo, compañero de pacto y coheredero con Jesucristo!".

Armado de poder

La segunda parte del pacto de éxito se encuentra también en 1 Samuel 18:4: *"Y Jonatán se quitó el manto que llevaba, y se lo dio a David, y otras ropas suyas, hasta su espada, su arco y su talabarte"*. Cuando Jonatán le dio a David sus armas, estaba haciendo una poderosa proclamación. A partir de ese día, el ejército de Jonatán era el ejército de David; la fortaleza de Jonatán era la fortaleza de David. Cualquier cosa que David dijera o hiciera, se debía considerar tan importante como si lo hubiera dicho y hecho el rey mismo. Jonatán le estaba diciendo a David: "A partir de ahora, no estás solo". Sin embargo, incluso con la autoridad y el respaldo del rey, Jonatán sabía que David aún tendría que afrontar batallas, y que necesitaría estar armado y listo.

De igual forma, aunque usted tenga el poder y la autoridad del Dios todopoderoso a su disposición, tendrá que hacer frente a los ataques espirituales del maligno. Fe no es la capacidad de evitar tener que pelear una batalla, sino saber que, aun a pesar de las batallas que afronte, saldrá victorioso.

El apóstol Pablo dijo que tenemos unas armas dadas por Dios poderosas y sobrenaturales a nuestra disposición.

> *Pues aunque andamos en la carne, no militamos según la carne; porque las armas de nuestra milicia no son carnales, sino poderosas en Dios para la destrucción de fortalezas.* (2 Corintios 10:3–4)

David se enfrentó a Goliat con una onda y cinco piedras, pero Dios le dio una victoria sobrenatural sobre su enemigo. Sin embargo, cuando Jonatán puso su cinturón y su espada sobre David, Dios estaba aumentando la capacidad de David de conseguir victorias aún mayores.

En los capítulos que siguen, no quiero llevarme las victorias que usted ya ha conseguido, sino multiplicarlas. Dios quiere aumentar su arsenal de armas sobrenaturales. ¿Se estaba usando algún arma secreta cuando la mujer que sufría de flujo de sangre tocó el borde del manto de Jesús y experimentó sanidad? (Véase Mateo 9:20–22). ¿Se usó algún arma sobrenatural cuando Dios les dijo a los hijos de Israel que tomaran su Palabra y la pusieran en los dinteles de sus hogares? (Véase Deuteronomio 6:9). La verdad que usted entienda le hará libre.

Cortar un pacto

Anteriormente expliqué cómo David y Jonatán "cortaron" un pacto al hacerse un corte en las palmas de sus manos. En el Antiguo Testamento, cuando dos hombres hacían un pacto entre ellos, se necesitaba derramamiento de sangre. Este pacto de sangre ocurriría de dos formas.

En primer lugar, debía haber un sacrificio vivo entre las dos personas que hacían el pacto. Claro está, sabemos que Jesús era ese sacrificio vivo entre Dios y el hombre, pero había una segunda forma en que la sangre era derramada como un recordatorio constante para cada hombre de su acuerdo de pacto. Como expliqué anteriormente, cuando dos hombres hacían un pacto entre sí, tomaban un cuchillo o espada y se hacían un corte en la palma de sus manos. Al hacer eso se oscurecía la piel de sus cicatrices destacando así del resto de la piel de su mano.

Cuando Jesús vio a Tomás, le mostró las cicatrices en las palmas de sus manos (véase Juan 20:25, 27). Al hacerlo, Jesús estaba diciendo: "Nunca les dejaré ni les abandonaré" (véase Hebreos 13:5). Cuando David y Jonatán "cortaron" un pacto, Jonatán estaba diciendo: "David, tu enemigo será mi enemigo, mi ejército será tu ejército, y mi reino será tu reino".

Así como Jonatán "cortó un pacto" con David, Jesús también cortó un pacto con usted y conmigo. Cuando esos soldados romanos atravesaron las palmas de las manos de Jesús con los clavos, su sangre fue derramada para formar un pacto con nosotros.

¿Por qué nos pide Dios que levantemos nuestras manos? Creo que una razón es porque eso nos recuerda el pacto. Dios está diciendo: "Quizá sientas que estás solo, quizá sientas que el enemigo te sobrepasa en número, pero no estás solo. Yo estoy contigo".

De igual forma, cada vez que usted levanta sus manos, está diciendo: "Diablo, ¿ves mis manos? Son manos de pacto. Quizá parezca que estoy aquí solo, pero no es así. Tengo un ejército de ángeles detrás de mí. El ejército de Dios pelea por mí".

Al comienzo de este capítulo, le conté una historia sobre la condenación que experimenté como nuevo pastor. Me sentí totalmente indigno e incompetente. Le hablé del hombre que vino a mí y me dijo: "¿Quién se cree que es? ¡No tiene derecho a predicar el evangelio!".

Por un momento, permití que sus palabras se adentraran y se apoderaran de mi corazón. En ese momento, los sentimientos de indignidad y condenación estuvieron a punto de robarme mi futuro, mi destino, y todo lo que Dios tenía para mí. Pero momentos después, ¡el Señor me liberó de la culpa de mi pasado y me puso de nuevo en el rumbo hacia mi futuro! ¡Eso es exactamente lo que Él quiere hacer por usted hoy!

El enemigo le dirá lo mismo que me dijo a mí. Intentará condenarle y convencerle de que no es digno de las bendiciones de Dios. Le preguntará: "¿Quién te crees que eres?".

¡No permita que nadie le eche en cara su pasado! ¡La sangre de Jesús le ha liberado de la esclavitud y la culpa de su pasado! *"Si Dios es por nosotros, ¿quién contra nosotros?"* (Romanos 8:31). Cuando usted nació, ¡Dios le creó con un propósito! Usted no nació para ser un perdedor; ¡nació para ser un ganador! Usted no nació para ser alguien mediocre;

¡nació para la grandeza! Dios, su Padre, hizo un pacto de grandeza con Abram, quien pronto sería Abraham, el padre de nuestra fe. Ese pacto no fue sólo para Abraham hace miles de años. Jesús, nuestro Mesías, confirmó que es para usted y para mí en este día. Cuando Dios hace un pacto y da su palabra, ¡podemos estar tranquilos de que así será!

¡Dios le creó con un propósito! Usted no nació para ser un perdedor; ¡nació para ser un ganador!

¡Ahora escuche esto! Isaías 49:15–16 dice:

¿Se olvidará la mujer de lo que dio a luz, para dejar de compadecerse del hijo de su vientre? Aunque olvide ella, yo nunca me olvidaré de ti. He aquí que en las palmas de las manos te tengo esculpida; delante de mí están siempre tus muros

Este versículo dice que Dios está más cerca de nosotros de lo que una madre lo está de su hijo. Una madre y su hijo pueden llegar a olvidarse el uno del otro, pero Dios dice que nunca le olvidará, porque el pacto que ha establecido con usted está inscrito en las palmas de sus manos. ¡Dios Padre tiene su nombre inscrito en sus manos! Esa es la forma en que Dios le ama, ¡personalmente! Sí, Él ama al mundo entero, pero también le ama a usted de forma individual.

Dios nunca se olvidará del pacto que ha hecho con usted. ¿Cómo podría hacerlo? ¡Su nombre está escrito en las palmas de sus manos! Y, en estos últimos tiempos, Dios está abriendo nuestros ojos para que podamos convertirnos en los hijos de milagros.

2

Los hijos de milagros

Y en los postreros días, dice Dios, derramaré de mi Espíritu sobre toda carne, y vuestros hijos y vuestras hijas profetizarán; vuestros jóvenes verán visiones, y vuestros ancianos soñarán sueños. (Hechos 2:17)

Si está leyendo este libro, creo que Dios en estos últimos tiempos le ha seleccionado para ser un vaso escogido para el cumplimiento de la profecía. Dios está diciendo: "En estos postreros días, *'derramaré de mi Espíritu'*" (Hechos 2:17). Está prometiendo que usted, como le ocurre a todos sus hijos, *"Aunque tu principio haya sido pequeño, tu postrer estado será muy grande"* (Job 8:7). Habrá señales y maravillas. Habrá una transferencia de riquezas finales porque *"la riqueza del pecador está guardada para el justo"* (Proverbios 13:22).

Quizá esté pensando: *Larry, sé que eso es lo que dice la Biblia, ¿pero cómo sé que es para mí?* Hay un gran rabino que, en uno de sus últimos discursos, profetizó que el Mesías está listo para venir. Eso significa que tanto judíos *como* gentiles ahora creen que el Mesías está listo para venir. Ya sea que usted crea que será su primera venida o su segunda venida (trataré de esto en otro capítulo), todos podemos estar de acuerdo en dos cosas: (1) Él viene pronto, y (2) Él viene a Israel y a Jerusalén.

Este famoso rabino continuó diciendo que el Mesías está listo para venir, pero primero, debe ocurrir algo más: habrá un grupo de gentiles (no judíos) *cuyos ojos estarán abiertos* para poder entender las enseñanzas judías como la Pascua, Shabat,

Rosh Hashanah y Yom Kipur. Al principio, aquellos que les rodean lo verán como algo extraño, pero después estos gentiles comenzarán a ver milagros y bendiciones de Dios de una forma que atraerá la atención del mundo entero. Aquellos cuyos ojos sean abiertos serán llamados "los hijos de milagros".

Ahora bien, probablemente esté pensando: *Si eso es cierto, ¿por qué no lo he escuchado antes?* Lo ha escuchado. En el cristianismo, muchos de nosotros nos referimos a ello como "la lluvia tardía", un tiempo en el que Dios no retendrá nada. Será un tiempo en que Él captará la atención del mundo entero a través de señales, prodigios y milagros. Según una antigua enseñanza judía: "Nadie es lo suficientemente inteligente para enseñar estos 'misterios de la Biblia', y nadie es lo suficientemente inteligente para entenderlos". Por tanto, si Dios está mostrándole estas enseñanzas (recuerde, no hay un equivalente hebreo para *coincidencia*) es porque le ha escogido para ser un "hijo de milagros" en estos últimos tiempos. Es porque quiere usarle para captar la atención del mundo, como Dios dijo en Malaquías 3:12: *"Y todas las naciones os dirán bienaventurados"*. O como dijo en su pacto con Abraham (Abram, en ese tiempo): *"Serán benditas en ti todas las familias de la tierra"* (Génesis 12:3). Dios no sólo hará grandes milagros *para* usted; ¡también harán grandes milagros *a través* de usted! Usted es parte intrínseca del derramamiento del Espíritu de Dios de la "lluvia tardía", revelación, unción, señales y prodigios, ¡así como de su transferencia final de riquezas! ¡Usted y yo estamos entrando en el destino de los últimos tiempos!

Dios no sólo hará grandes milagros *para* usted; ¡también harán grandes milagros *a través* de usted!

Cambiar su manera de pensar

Antes de seguir adelante, veamos un par de versículos.

Oh Jehová, fortaleza mía y fuerza mía, y refugio mío en el tiempo de la aflicción, a ti vendrán naciones desde los extremos de la tierra, y dirán: Ciertamente mentira poseyeron nuestros padres, vanidad, y no hay en ellos provecho. ¿Hará acaso el hombre dioses para sí? Mas ellos no son dioses. Por tanto, he aquí les enseñaré esta vez, les haré conocer mi mano y mi poder, y sabrán que mi nombre es Jehová". (Jeremías 16:19–21)

A través de las generaciones, Dios se ha acercado a su pueblo para hacer lo que pidió el profeta Eliseo: *"Señor, ábreles los ojos, para que vean"* (2 Reyes 6:20, NVI).

Eso es exactamente lo que Dios va a hacer por usted a través de este libro. Va a abrir sus ojos a la verdad de su poder, oculta dentro de su Palabra. Él va a abrir sus ojos al poder de su fuerza que le rodea. Va a abrir sus ojos y mostrarle cómo usar *"las armas de nuestra milicia"* (2 Corintios 10:4). Va a abrir sus ojos en estos últimos tiempos para que pueda caminar usted en la realidad de lo que nos enseñó el apóstol Juan: *"Mayor es el que está en vosotros, que el que está en el mundo"* (1 Juan 4:4).

Quizá ahora esté pensando: *Larry, ¿realmente puede Dios abrir mis ojos espirituales? ¿Realmente hay misterios en la Biblia que aún no he visto?* No se preocupe. A lo largo de la Biblia, hay ejemplos en los que Dios abrió los ojos de su pueblo para experimentar una revelación más profunda del entorno espiritual.

Abre mis ojos, y miraré las maravillas de tu ley. (Salmos 119:18)

He optado por el camino de la fidelidad, he escogido tus juicios. Yo, Señor, me apego a tus estatutos; no me hagas pasar vergüenza. Corro por el camino de tus mandamientos, porque has ampliado mi modo de pensar. (versículos 30–32, NVI)

El apóstol Pablo era consciente de la diferencia entre "un cristiano bebé" y un creyente maduro. *"Cuando yo era niño, hablaba como niño, pensaba como niño, juzgaba como niño; mas cuando ya fui hombre, dejé lo que era de niño"* (1 Corintios 13:11).

Cuando somos bebés en la fe, Dios nos da la leche de su Palabra; pero según vamos creciendo y madurando, somos capaces de digerir conceptos más sólidos (véase Hebreos 5:12–14). Para mí, lo más emocionante es que la Palabra de Dios ¡es un viaje interminable de misterios sin desvelar! Soy cristiano desde hace más de treinta y cinco años, ¡y puedo decir honestamente que estoy más emocionado ahora por las cosas de Dios de lo que nunca lo había estado! Tiz y yo estamos empezando a ver los tipos de derramamientos del Espíritu que sólo habíamos leído en libros, y cuanto más aprendemos y entendemos la Palabra de Dios, ¡más milagros y bendiciones se liberan en nuestras vidas!

Durante los primeros quince años de nuestra experiencia como cristianos, Tiz y a mí nos enseñaron que Dios no se interesa tanto por lo que nos ocurre en esta vida como por lo que ocurre en el mundo por venir. Así, según esa mentalidad, a Dios no le importa si tenemos o no un buen auto o si vivimos en una casa bonita. Nos enseñaron que estaba mal desear esas cosas porque eran mundanas. Finalmente, descubrimos la verdad: Dios *quiere* bendecirnos aquí en este mundo, y Jesús vino para darnos una vida abundante en la tierra. Jesús dijo: *"Yo he venido para que tengan vida, y para que la tengan en abundancia"* (Juan 10:10). Una clave para experimentar vida abundante es cambiar la manera de pensar.

Durante una reciente celebración de Pentecostés, nuestra iglesia invitó a uno de los coleccionistas de Biblias y Torás antiguas más conocido del mundo para hacerle una entrevista en esa reunión. Durante la entrevista, no mostró varios objetos sorprendentes que nos dieron una idea increíble para entender por qué es tan importante regresar a nuestras raíces judías. Los primeros objetos eran las páginas más antiguas del Nuevo Testamento que se han descubierto hasta ahora. No estaban escritas en griego sino en arameo occidental: el lenguaje que hablaban los judíos en ese tiempo. Mirar esas páginas antiguas de la Biblia me reafirmó nuevamente en la idea de que estudiar la Palabra de Dios con una mentalidad hebrea, y no con una mentalidad grecorromana occidental, es la clave para recibir nuestro milagro. Hay misterios y secretos que serán desvelados sólo cuando podamos estudiar la Biblia como fue escrita en el principio.

El otro objeto que nos mostró el coleccionista era una antigua Biblia de Ginebra del siglo XVI que se usó como una de las referencias para traducir la Biblia a la versión inglesa conocida hoy como King James. Esta particular Biblia está valorada en más de un millón de dólares porque fue la que usaron los traductores. Lo increíble fue ver versículos de la Biblia que fueron tachados y reemplazados con nuevas definiciones. Esto sirvió como un recordatorio de que cuando trabajamos con traducciones y no con el texto en su lenguaje original, estamos leyendo una Biblia que ha sido, en parte, moldeada por la mano de los traductores.

La semilla y la tierra

Quiero que vea esta poderosa enseñanza de Jesús en Mateo 13. Esta enseñanza es más para usted y para mí hoy que nunca antes. Es una revelación que nos asegura que nuestras postreras casas serán mayores que nuestras primeras casas (véase Hageo 2:9).

> *He aquí, el sembrador salió a sembrar. Y mientras sembraba, parte de la semilla cayó junto al camino; y vinieron las aves y la comieron. Parte cayó en pedregales, donde no había mucha tierra; y brotó pronto, porque no tenía profundidad de tierra; pero salido el sol, se quemó; y porque no tenía raíz, se secó. Y parte cayó entre espinos; y los espinos crecieron, y la ahogaron. Pero parte cayó en buena tierra, y dio fruto, cuál a ciento, cuál a sesenta, y cuál a treinta por uno. El que tiene oídos para oír, oiga.* (Mateo 13:3–9)

Jesús estaba enseñando sobre la semilla, que es la Palabra de Dios. También estaba enseñando sobre el terreno, que es la humanidad o cualquiera que oye la Palabra. La semilla es perfecta; no hay nada malo en la Palabra de Dios. Es dada para producir una bendición *"cuál a ciento"*. La semilla siempre produce abundancia, favor, salud y bendición a nuestras vidas: la tierra. Siempre es capaz de hacer *"todas las cosas mucho más abundantemente de lo que pedimos o entendemos"* (Efesios 3:20).

Dios no quiere que sus bendiciones recaigan sólo sobre *algunos*; quiere que recaigan sobre toda su creación. ¡Quiere que recaigan sobre usted!

Por tanto, la pregunta es: ¿Por qué no ocurre? ¿Por qué vemos que sólo *algunos* son bendecidos, *algunos* son sanados, *algunos* prosperan y *algunos* cancelan sus deudas? Dios no quiere que sus bendiciones recaigan sólo sobre *algunos*; quiere que recaigan sobre toda su creación. ¡Quiere que recaigan sobre usted!

Este es el secreto: primero, Jesús enseñó que algunas personas simplemente son terreno malo. En tales casos, la semilla es perfecta, pero la tierra es mala. Otra semilla cayó junto al camino y las aves la robaron de igual forma que el mundo y sus caminos nos devoran. Parte de la semilla cayó sobre pedregales y se secó porque no había profundidad para sus raíces. Abandonó demasiado pronto. Parte de la semilla cayó entre espinos y la ahogaron. Recuerde que en el huerto de Edén la tierra sólo tenía la bendición de Dios. No había enfermedad, ni pobreza, ni enojo, ni adicciones; pero cuando Adán desobedeció a Dios, él y Eva fueron expulsados del huerto. La Biblia dice que Dios maldijo la tierra con *"espinos y cardos"* (Génesis 3:18). Por tanto, los espinos de los que Jesús estaba hablando eran maldiciones que pueden matar la cosecha que Dios tiene para usted.

La mayoría podemos entender los tres primeros tipos de terreno de los que Jesús estaba hablando: junto al camino, en pedregales y entre espinos. ¿Pero qué ocurre con el cuarto tipo de terreno? Es la tierra *buena*, que la conforman todos los que creen en el Señor. Si Jesús estaba hablando sobre tierra buena que está lista para la cosecha, ¿por qué dijo que daría *"fruto, cuál a ciento, cuál a sesenta, y cuál a treinta por uno"*? Usted es buena tierra. En estos últimos tiempos, creo que Dios quiere que usted sea ese hijo de Dios *"cuál a ciento"*, un hijo de milagros. ¿Por qué la variación? ¿Por qué, algunos de nosotros que somos "buena tierra", conseguimos treinta, otros sesenta, y otros ciento por uno? ¿Por qué no producimos todos a ciento por uno?

Lea Mateo 13:9: *"El que tiene oídos para oír, oiga"*. Cuando el Señor menciona *"oídos"* y nuestra capacidad para *"oír"*, está diciendo algo importante. Más allá de nuestros oídos físicos y su capacidad para comprender el lenguaje y los sonidos, Él también habla de nuestro entendimiento espiritual.

> *Orejas tienen, mas no oyen.* (Salmos 115:6)

> *¿Teniendo ojos no veis, y teniendo oídos no oís? ¿Y no recordáis?* (Marcos 8:18)

Hay personas que pueden oír y ver físicamente, pero espiritualmente no lo "ven"; no entienden. Ahora bien, veamos cómo Jesús explicó esta parábola de la semilla:

> *Porque a cualquiera que tiene, se le dará, y tendrá más; pero al que no tiene, aun lo que tiene le será quitado.* (Mateo 13:12)

Quizá lea esto y piense: *Caramba, eso no parece muy justo.* Parece la versión bíblica de "el rico cada vez más rico y el pobre cada vez más pobre", pero volvamos a leerlo en su contexto. Jesús no se estaba refiriendo a las cosas físicas, sino a las espirituales. Estaba hablando sobre la sabiduría de la Palabra de Dios. Mire el versículo 11: *"Porque a vosotros os es dado saber los misterios del reino de los cielos; mas a ellos no les es dado"*. Jesús quiere que usted y yo sepamos (oigamos y entendamos) los misterios del reino.

> *Mas hablamos sabiduría de Dios en misterio, la sabiduría oculta, la cual Dios predestinó antes de los siglos para nuestra gloria.* (1 Corintios 2:7)

> *Porque el que habla en lenguas no habla a los hombres, sino a Dios; pues nadie le entiende, aunque por el Espíritu habla misterios.* (1 Corintios 14:2)

> *En quien tenemos redención por su sangre, el perdón de pecados según las riquezas de su gracia, que hizo sobreabundar para con nosotros en toda sabiduría e inteligencia, dándonos a conocer el misterio de su voluntad, según su beneplácito, el cual se había propuesto en sí mismo, de reunir todas las cosas en Cristo, en la dispensación del cumplimiento de los tiempos, así las que están en los cielos, como las que están en la tierra.* (Efesios 1:7–10)

> *Grande es este misterio; mas yo digo esto respecto de Cristo y de la iglesia.* (Efesios 5:32)

Quiero compartir con usted cómo, después de muchos años como cristiano y pastor, el Señor me abrió los ojos a los misterios (los secretos de la Palabra de Dios) como nunca antes. No me malentienda; mi vida de servicio a Dios había sido maravillosa, pero si he de ser sincero, a treinta por uno sería lo más justo; a sesenta por uno es mucho, más de lo que merezco, pero deseo todas las bendiciones de Dios. Deseo cosechar a ciento por uno. Si le permitimos que Él abra nuestros ojos, según Mateo 13:12, cuanta más sabiduría tengamos, más nos dará. Piense en esto. Si se lo permitimos, Él nos dará más sabiduría, y después más, y luego incluso más.

¿Por qué es esto tan importante? Dios nos dijo: *"Mi pueblo fue destruido, porque le faltó conocimiento"* (Oseas 4:6). Al decir *"mi pueblo"*, no se estaba refiriendo a los impíos que rechazan la Palabra de Dios, sino a los que creen en Él, le sirven, oran y confían en Él. El diablo de pobreza, deuda, depresión, adicción y divorcio puede destruir al pueblo de Dios sólo por una razón: *"le faltó conocimiento"*.

> *Dijo entonces Jesús a los judíos que habían creído en él: Si vosotros permaneciereis en mi palabra, seréis*

> *verdaderamente mis discípulos; y conoceréis la verdad, y la verdad os hará libres.* (Juan 8:31–32)

¿Cuántas veces ha oído decir a la gente: "Jesús dijo: 'La verdad os hará libres'"? Yo mismo solía decirlo a cada rato, pero no es eso lo que dice este versículo. Vuelva a leerlo: *"Y conoceréis la verdad, y la verdad os hará libres"*. Cuando "conocemos" la verdad (cuando la entendemos) *entonces*, esa verdad que finalmente entendemos después de que nuestros oídos han sido abiertos, cobramos vida en cada área de nuestra vida y somos libres: libres de la pobreza, libres de la deuda, libres de la enfermedad y libres del enojo. La iglesia, sin mancha ni arruga, se convertirá en su novia gloriosa.

Proverbios nos dice: *"Sabiduría ante todo; adquiere sabiduría; y sobre todas tus posesiones adquiere inteligencia"* (Proverbios 4:7). Hace años, cuando comencé este viaje, el Señor me dijo: *Larry, te voy a enseñar cómo volver a leer la Biblia a través de los ojos de un Jesús judío.* Jesús no era un Jesús gentil, un Jesús griego, un Jesús romano o un Jesús americano, sino un Jesús judío. Pensaba como judío, actuaba como judío y enseñaba como judío. Él no vino para deshacerse de la ley (la Torá), sino para enseñarnos cómo funciona y para que cobre vida. Vino para cambiar la Palabra de Dios de *logos*, la Palabra escrita, a *rhema*, ¡la Palabra viva! Por eso Dios nos dice que estudiemos: *"Que usa bien la palabra de verdad"* (2 Timoteo 2:15), para descubrir por nosotros mismos lo que dice la Biblia y lo que significa.

Hemos sido injertados

En el libro de Romanos, el apóstol Pablo escribió a los cristianos gentiles.

> *Porque a vosotros hablo, gentiles. Por cuanto yo soy apóstol a los gentiles... Pues si algunas de las ramas fueron desgajadas, y tú, siendo olivo silvestre, has sido injertado en lugar de ellas, y has sido hecho*

> *participante de la raíz y de la rica savia del olivo, no te jactes contra las ramas; y si te jactas, sabe que no sustentas tú a la raíz, sino la raíz a ti. Pues las ramas, dirás, fueron desgajadas para que yo fuese injertado.* (Romanos 11:13, 17–19)

Muy sencillamente, nosotros la iglesia cristiana no judía, somos la rama injertada. Israel, la tierra y su pueblo, son el olivo y la raíz en la que hemos sido injertados. En próximos capítulos hablaré de la profecía concerniente a Israel como nación nuevamente como una señal definitiva de los últimos tiempos. No obstante, por ahora concentrémonos en el final del versículo 17: *"Participante de la raíz y de la rica savia del olivo"*.

En estos últimos tiempos, creo que Dios está reconectando la rama que es la iglesia a sus raíces judías. Mientras escribo esto, vuelvo a pensar en lo que el gran rabino dijo sobre "los hijos de milagros". Al principio, dijo él, otras personas verán esto como algo extraño. Después de todo, a muchos cristianos se les ha enseñado que con Jesús, Dios hizo desaparecer "todas esas cosas judías". Permítame preguntarle algo: ¿Se deshizo Dios de *"no cometerás adulterio"* (Éxodo 20:14)? ¿Se deshizo de *"no hurtarás"* (versículo 15) o de *"no tendrás dioses ajenos delante de mí"* (versículo 3)? ¿No son estas cosas "cosas judías"?

Cuando comencé a enseñar sobre nuestras raíces judías, la mayoría de las personas pensaban que esas enseñanzas ya no eran para nosotros como cristianos. Ahora, más de quince años después, sigo enseñando estas cosas a cristianos del mundo entero.

Antes de continuar avanzando, permítame contarle cómo comenzó en mi caso este maravilloso viaje hacia los secretos de la Palabra de Dios para mí, mi familia y mi ministerio. Es una historia que conté por primera vez en *La Bendición Torá*, pero vale la pena repetirla para que usted pueda entender mi camino.

Mi despertar

Hace quince años, me encontraba en mi primer viaje a Israel. No era un viaje que yo hubiera estado deseando hacer, ya que, a fin de cuentas, como cristiano que era, me habían enseñado que Dios básicamente ya había terminado con Israel y que los judíos habían recibido su oportunidad de aceptar a Jesús como el Mesías pero no la habían aprovechado. Me habían enseñado que la "iglesia", no una denominación o un edificio, sino los creyentes que formaban el cuerpo de Cristo, había reemplazado a Israel; de hecho, la iglesia *era* Israel.

Yo estaba muy equivocado. *Nada* podía haber estado más lejos de la verdad.

Es cierto que yo no estaba intentando "reconectar con mis raíces judías" en este viaje, ni siquiera sabía lo que significaba esa frase; sin embargo, me embargaba un sentimiento persistente que, como pastor, no me atrevía a pronunciar a la luz del día: había algo que faltaba en mi vida y en mi fe cristiana.

¿Alguna vez se ha sentido usted así? Esos momentos callados, en soledad, ¿alguna vez se ha preguntado o incluso orado:

Dios, ¿qué es lo que no funciona?

Te amo; te estoy sirviendo; creo en tu Palabra.

Sé que tú eres el mismo ayer, hoy y por los siglos. Sé que todo esto es verdad.

Entonces, ¿por qué siento que falta algo en mi vida?

Si alguna vez ha batallado con estos pensamientos, sepa que no está solo, sé exactamente por lo que está pasando. Esa era mi disposición cuando emprendí mi viaje a Israel.

Cuando llegué a la Tierra Santa, uno de los primeros lugares donde me llevaron mis amigos israelitas fue Capernaúm. A pesar de mi indecisión, estaba realmente emocionado por ir allí porque sabía que era el lugar de una de las grandes historias de la Biblia. Capernaúm era el lugar donde Jesús sano a la suegra de Pedro, como se describe en Marcos 1:29–39.

Al entrar por las puertas, las ruinas de la casa de Pedro quedaban justamente delante de nosotros. Es una de las atracciones turísticas más populares de todo Israel. Muchas personas que van allí, sin embargo, pasan por alto otro de igual importancia. Girando a la derecha tras pasar por las puertas, se ven las ruinas de lo que fue una sinagoga. Joseph, mi amigo de Jerusalén, comenzó a contarme todo sobre ese lugar santo de adoración judía. Mientras lo hacía, yo no podía dejar de pensar: *¿Y qué? ¿Qué tengo yo que ver con esta sinagoga? Yo creo en Jesús.* Entonces, Joseph señaló una inscripción que había en el dintel de la puerta. Indicaba que la sinagoga había sido dedicada por los nietos de los apóstoles de Jesús. A medida que el grupo comenzó a alejarse, yo me quedé paralizado. Detuve al grupo y dije: "Joseph, cuéntame otra vez quien dedicó esta sinagoga".

Él me lo volvió a explicar.

"¿Cómo es posible?", pregunté. "¿Acaso los descendientes de los apóstoles no eran cristianos? ¿No eran seguidores de Jesús?".

"Por supuesto que lo eran", dijo Joseph.

Yo seguía confundido, y pregunté: "¿Entonces qué haría un seguidor de Jesús en una sinagoga? ¿Acaso volvieron al judaísmo?".

Jesús nunca pretendió que sus seguidores se separasen de Israel, del pueblo de Dios, o de la Torá. Como cristianos, habíamos de ser *injertados*.

Las siguientes palabras cambiaron mi vida, y creo que también cambiarán la de usted. Fue la razón por la que Dios me había llevado a Israel, y la respuesta que yo había estado buscando.

"Larry", me dijo, "la iglesia y la sinagoga fueron sinónimos durante trescientos veinticinco años después de la resurrección de Cristo. Jesús nunca pretendió que sus seguidores se separasen de Israel, del pueblo de Dios, o de la Torá. Como cristianos, habíamos de ser *injertados*".

Mientras Joseph guiaba al resto del grupo a la casa de Pedro, yo permanecí allí. Y no estaba solo, porque mi Dios, el Dios de Israel, el Dios de los judíos, el Dios de esta sinagoga, estaba ahí conmigo, y amorosamente me dijo: *Larry, voy a abrir tus ojos; voy a enseñarte cómo leer mi Palabra, no con los ojos de un Jesús gentil, ni con los ojos de un Jesús protestante ni un Jesús católico, sino con los ojos de un Jesús judío. Voy a enseñarte lo que te ha faltado.*

De pie en la entrada de una sinagoga de dos mil años de antigüedad en Capernaúm, Israel, en el mar de Galilea, me quedé aturdido por una profunda revelación: Jesús era judío, un judío practicante y cumplidor. Y no sólo eso, sino que sus discípulos y seguidores también eran judíos practicantes.

Para algunos, quizá esto parecerá "una simpleza", pero para mí, en ese momento, fue una revelación que alteró completamente mi entendimiento de quién era Jesús y, por tanto, de quién era yo como cristiano. La inscripción en esta sinagoga era una dedicación de los descendientes cristianos de los discípulos de Jesús. Durante generaciones, los seguidores de Jesús siguieron asistiendo a una sinagoga, manteniendo la observancia de la fe y el estilo de vida judíos.

Aquella experiencia me condujo a ver a Jesús, y toda la Biblia, bajo una nueva y fresca luz. Fue un cambio de paradigma, un desarraigo total de cómo me habían enseñado a leer la Palabra de Dios y de cómo yo había seguido a Jesús. Como resultado de ello, se produjo un cambio total en la forma en que me veía a mí mismo y en cómo vivía mi vida como cristiano.

El viaje que emprendí desde entonces para descubrir y entender las raíces judías de mi fe cristiana ha sido, aparte del momento de mi salvación, la experiencia más transformadora, emocionante y plena de mi vida. Comencé a leer las Escrituras desde una perspectiva judía en lugar de hacerlo desde la doctrina influenciada por los griegos o los romanos que me habían enseñado desde que era un joven creyente. Comencé a entender que Jesús y sus discípulos no eran judíos *convertidos* sino judíos *practicantes*, que guardaban la Torá. Comencé a entender que, para un seguidor de Jesús, entender la Torá tiene un gran poder y revelación; no sólo estudiándola, sino también guardando y compartiendo muchas de sus costumbres y celebraciones.

Su despertar

Entienda que yo no estaba buscando una revelación judía, pero la Palabra de Dios promete que *"los que tienen hambre y sed de justicia... serán saciados"* (Mateo 5:6). Nuevamente, no es un accidente que usted esté leyendo este libro. Dios sabe que tiene hambre y sed de más de Él. Quizá, al igual que yo y muchos otros, haya estado orando para que Dios le llene y sacie su ser, ¡pero nunca soñó que la comida viniera de una "cocina kosher"! Si se para a pensarlo, ¿por qué habría de ser una sorpresa? Los profetas, en su mayoría, eran judíos. Los apóstoles eran judíos. Nuestra Biblia es judía. Ah, por cierto, ¡Jesús también era judío!

La mejor manera de leer la Biblia, que es un libro judío, es pensando como un judío. Permítame ayudarle en esto. El punto de comienzo, la lanzadera para todo lo que Dios tiene preparado para usted, es un cambio en su manera de ver a Dios y un cambio en la manera en que usted piensa que Dios le ve. De nuevo, le mostraré cómo.

Para concluir este capítulo, me gustaría que escuchara a uno de los pastores de nuestra iglesia, Scott Sigman, y su recuerdo de una profecía del obispo Donald Battle:

> Tengo el privilegio de viajar con el pastor Huch cuando predica en otras iglesias, así como en conferencias y en programas de televisión. Siempre me sorprenden las respuestas de la gente cuando el pastor enseña sobre reconectar con nuestras raíces judías.

Hace varios años, nos encontrábamos en Atlanta predicando en la conferencia de pastores anual del obispo Donald Battle, cuando el pastor Larry enseñó un sermón increíble: "Sanidad en sus alas", que dejó sorprendida a la audiencia porque nunca habían escuchado una revelación y una enseñanza bíblica tan poderosa. Cuando el pastor Larry terminó y estaba listo para irse, el obispo Battle se acercó al micrófono y comenzó a profetizar sobre el futuro de nuestro ministerio. Dijo: "Pastor Larry, lo que Dios le está mostrando, y lo que usted está revelando, ¡es una palabra y un mensaje para el mundo en este tiempo! Dios le está levantando para ser una voz diaria al mundo, ¡para enseñar a su pueblo esta revelación de las raíces judías de la fe cristiana!".

Cada día me emociono más y más cuando el Señor desvela su Palabra y libera sus milagros. ¡Ahora, usted está en este emocionante viaje conmigo!

3

El regreso de Israel, milagros y el Mesías

En todos mis años de ministerio, raras veces he enseñado sobre profecía. Hay un par de razones para ello. En primer lugar, cuando oigo a personas predicar sobre profecía, normalmente el mensaje trata sobre el destino funesto y el sufrimiento de los últimos tiempos. Para ser sincero con usted, yo no creo que nos vayamos a ir sufriendo. Creo que nos vamos a ir con un grito. Mi Biblia dice: *"Cuando estas cosas comiencen a suceder, erguíos y levantad vuestra cabeza, porque vuestra redención está cerca"* (Lucas 21:28). En segundo lugar, sé que usted nunca ha conocido a nadie así, pero algunos cristianos pueden volverse un poco "chiflados". He conocido a personas que creen que son Ezequiel o Daniel o Miguel el arcángel. Cuando uno se adentra en el área de la profecía, las personas se pueden volver un tanto extrañas. Al poco tiempo, comienzan a vender sus casas, a reunirse en el campo en medio del desierto ¡y a esperar una nave espacial! Jesús fue muy claro en este aspecto cuando dijo: *"Pero del día y la hora nadie sabe, ni aun los ángeles de los cielos, sino sólo mi Padre"* (Mateo 24:36). Nadie sabe cuándo volverá Jesús. Al decir esto, quiero decir que no sabemos el momento exacto pero Dios sí nos da señales para que podamos estar listos cuando eso ocurra. La Biblia se refiere a estas señales como *"comienzo de los dolores"* (versículo 8, NVI).

Cuando una mujer visita a su doctor y se confirma que está embarazada, el doctor le da una fecha de parto. Todos sabemos que las fechas son tan sólo una aproximación. Ningún doctor puede decirle el momento exacto; pero cuando el momento se acerca, la madre recibe señales, o dolores de parto, que le dicen que mejor sería que haga su maleta, se dirija al hospital y se asegure de que el auto tiene gasolina. Son señales para prepararle a fin de que no esté desprevenida.

Cuando nació nuestra hija Anna, así es como sucedió. Era nuestra primera hija, y cuando Tiz comenzó a sentir los dolores de parto, fuimos derechos al hospital, y en pocas horas, Anna había nacido. No fue así con nuestro hijo Luke. Y no es que Dios no nos estuviera dando las señales, sino que nosotros no estábamos poniendo atención. Acabábamos de entrar en el ministerio a tiempo completo y estábamos empezando una iglesia en Santa Fe, Nuevo México. Sin embargo, en aquel período del nacimiento yo había salido al extranjero durante unas semanas. El día después de llegar a casa, Tiz dijo: "Mira, he estado teniendo algunas contracciones". Le pregunté: "Bueno, ¿qué crees que debemos hacer?". Ella dijo: "Bueno, los dolores vienen y van. Estoy bien". Al siguiente día era domingo. Fuimos a la iglesia en la mañana y otra vez esa noche, pero al terminar la reunión, de nuevo comenzaron los dolores. Le pregunté: "¿Qué crees?". Pero Tiz me dijo: "No te preocupes, se me pasará", y así sucedió. Después, el lunes en la mañana, le volví a preguntar: "¿Cómo te sientes?", y de nuevo Tiz me dijo: "Bueno, estoy sintiendo algo, pero se me pasará". Yo tenía que ir al juzgado para testificar en defensa de un joven que había sido salvo y se había apartado de las pandillas. Tiz me dijo que fuera y me insistió en que ella estaría bien, así que fui a la iglesia para reunirme con el pastor asistente y ese joven a quien iba a defender en un juicio. Cuando estábamos de pie junto al edificio de la iglesia, la hermana del pastor asistente cruzó corriendo la calle, gritando: "¡Pastor! ¡Pastor! Tiz acaba de llamar. Está teniendo su bebé".

"¿Quien está con ella?", pregunté.

Ella respondió: "¡Nadie!".

Entré corriendo en la iglesia y llamé a casa para asegurarme de que la información era correcta. Anna tenía sólo tres años y medio, y le habíamos dicho que no respondiera al teléfono porque recibiríamos llamadas del extranjero. El teléfono sonó una o dos veces, y una vocecita dijo: "¿Hola?".

Le dije: "Anna, ¿dónde está Mamá?".

"¡Papi, Papi!", me dijo. "¿Averigua qué?".

"¿Qué?".

"Mami va a tener un bebé".

"¡Lo sé, cariño, lo sé! ¿Cuándo?".

"¡Ahora mismo!".

Así que entramos de un salto en el automóvil. Estábamos a unos quince minutos de casa, pero cruzamos semáforos y nos subimos a las aceras para llegar lo antes posible. Corrí a nuestra pequeña casa y vi a Anna tumbada en el sofá, llorando. No estaba preparada para ver nacer a un bebé. Corrí por el pasillo y, sin lugar a dudas ¡venía el pequeño Luke! La escena era un alboroto. Estábamos asustados, corriendo sin saber hacia dónde, y el teléfono sonando. Era el doctor.

Dijo: "Oigo que están teniendo un bebé".

"Sí", le dije. "¿Qué hago?".

"Llámeme cuando nazca".

Ahí mismo, con las sirenas sonando y Tiz gritando, nació Luke. Estoy seguro de que nuestros vecinos estarían pensando: *Lo sabía. ¡Ese hombre mató a su esposa!*

Con nuestra tercera hija, Katie, estábamos decididos a prestar atención a las señales. Cuando Tiz dijo: "Sabes, estoy empezando a sentir...", le interrumpí y dije: "¡Sube al automóvil! ¡Sube al automóvil!". Creo que hicimos diez u once viajes al hospital debido a falsas alarmas antes de que finalmente naciera Katie. Aprendimos con Luke, y lo pusimos en práctica con Katie.

Con el regreso de Jesús, si se nos pasan esas señales, habrá otra oportunidad siete años después; pero créame, es mejor que responda la primera vez.

Dios tiene un plan poderoso que le está desvelando al mundo. Es un plan que no sólo conllevará señales, prodigios y milagros sobre su pueblo sino que finalmente también revelará al Mesías. Uno de los secretos de descubrir cómo llegarán el poder y la gloria del Señor es regresar y estudiar los orígenes de nuestra fe. Muchos de los antiguos secretos de la Biblia se han perdido o escondido en nuestro cristianismo moderno.

En algunos casos, se nos ha enseñado un evangelio diferente, con la intención de reemplazar las verdades fundamentales que fueron transmitidas desde los días de Abraham, Isaac y Jacob. Hoy, muchos creyentes en Jesús aún han de darse cuenta de la importancia de estudiar su fe desde una perspectiva hebrea. La mayoría desconoce que gran parte de los sermones, doctrinas y enseñanzas que reciben surgieron en Europa, no en Israel, la Tierra Santa.

Cuando entendamos estas antiguas verdades de las enseñanzas originales, liberaremos el poder y las promesas de Dios en nuestras vidas, el mismo tipo de poder del que leemos en el libro de los Hechos.

Cuando entendamos estas antiguas verdades de las enseñanzas originales, liberaremos el poder y las promesas de Dios en nuestras vidas, el mismo tipo de poder del que leemos en el libro de los Hechos. Finalmente, estudiar, aprender, desarrollar y crecer en nuestro conocimiento de esta revelación, nos preparará (al cuerpo de Cristo, la iglesia) para el regreso de nuestro Mesías.

Teología de la sustitución

Una de las enseñanzas proféticas clave que hemos de entender tiene que ver con Israel. Muchos maestros y líderes dentro del cristianismo sostienen la idea de que la iglesia ha reemplazado a Israel en el plan de Dios, y que, por tanto, Israel ya no es algo significativo en la vida cristiana.

Recientemente, una denominación con una membresía mundial formalmente declaró que todas las promesas que Dios le dio a Israel quedaron anuladas con la llegada de Jesús. Este concepto se conoce comúnmente como "teología de la sustitución". Se ha enseñado en las iglesias cristianas durante siglos por todo el mundo occidental; pero como verá si continúa leyendo este libro, Israel sigue desempeñando un papel vital en el plan de Dios. La palabra que Dios le dio a Abraham en Génesis 12:3 sigue siendo verdad hoy día: *"Bendeciré a los que te bendijeren, y a los que te maldijeren maldeciré"*.

Esta profecía, cuando la entendamos con una mentalidad hebrea, abrirá innumerables bendiciones y revelaciones que podrán cambiar su vida y su iglesia, así como todas las naciones del mundo.

Hay un pasaje que la mayoría de los pastores predican al menos una vez al año, si no más. Todos sabemos que cuando el pastor dice: "Abran sus Biblias en Malaquías...", estamos a punto de escuchar un sermón sobre el diezmo.

> *Volveos a mí, y yo me volveré a vosotros, ha dicho Jehová de los ejércitos. Mas dijisteis: ¿En qué hemos de volvernos? ¿Robará el hombre a Dios? Pues vosotros me habéis robado. Y dijisteis: ¿En qué te hemos robado? En vuestros diezmos y ofrendas.*
>
> (Malaquías 3:7–8)

Dios está hablando aquí sobre nuestra fidelidad al dar nuestros diezmos y ofrendas. Por ahora, dejemos de pensar en la parte del diezmo y veamos una poderosa revelación judía que encontramos en una palabra: *volveos*. En el judaísmo, la palabra hebrea para "volver" es *teshuvah*. Dios está llamando al mundo, no sólo al mundo judío, sino a todo el mundo, diciendo: *"Volveos a mí, y yo me volveré a vosotros"*.

Al estudiar la Palabra de Dios, los rabinos judíos nos dicen que siempre que Dios nos enseña algo existen dos partes: la parte física y la espiritual. O dicho de otro modo, las enseñanzas de Dios a menudo tienen tanto un significado terrenal como uno celestial.

Este es un ejemplo. Éxodo 20:12 dice: *"Honra a tu padre y a tu madre, para que tus días se alarguen en la tierra que Jehová tu Dios te da"*. Lea ahora el versículo asociado en Efesios 6:2–3: *"Honra a tu padre y a tu madre, que es el primer mandamiento con promesa, para que te vaya bien, y seas de larga vida sobre la tierra"*. Según Dios, cuando honramos a nuestro padre y nuestra madre, Él nos da larga vida, y no sólo una larga vida, sino también una buena vida: *"para que te vaya bien"*. Aquí tenemos el primer mandamiento que viene con una promesa. Obedecerlo libera la promesa de Dios de una vida buena y larga. A primera vista, parece un versículo sobre amar a nuestros padres y madres físicos, los que nos han traído a este mundo, nos han alimentado y protegido. Esta, claro está, es la parte terrenal de este versículo, pero ¿qué hay de nuestros padres espirituales? Mire lo que escribió Pablo en 1 Corintios 4:15:

> *Porque aunque tengáis diez mil ayos en Cristo, no tendréis muchos padres; pues en Cristo Jesús yo os engendré por medio del evangelio.*

Pablo quería decirnos que tenemos tanto padres físicos como espirituales. Así que, para volvernos a Dios (*teshuvah*) debemos hacerlo de dos formas: física y espiritualmente.

Mi buen amigo el rabino Daniel Lapin dice: "La primera señal de que una nación está maldecida es que sus hijos no saben quiénes son sus padres". Creo que todos estaremos de acuerdo si digo que estamos viendo esto por todo el mundo. Hay multitudes de niños por todo el mundo que no tienen ni idea de quién es su padre, o no tienen relación con él. Nuestra sociedad está llena de niños sin padre, y lo vemos en la esfera de lo físico o natural, pero ocurre lo mismo en el ámbito espiritual.

Hay un significado aún más profundo en Malaquías 4:5–6:

> *He aquí, yo os envío el profeta Elías, antes que venga el día de Jehová, grande y terrible. El hará volver el corazón de los padres hacia los hijos, y el corazón de los hijos hacia los padres, no sea que yo venga y hiera la tierra con maldición.*

Nuevamente, esto se refiere tanto a los corazones físicos de los padres y sus hijos, y a nuestros padres espirituales e hijos. Nosotros, como nación cristiana, debemos entender quiénes son nuestros padres. Sabemos quién es nuestro Mesías, pero ¿sabemos quiénes son nuestros padres espirituales? Nuestro padre espiritual es nuestro padre de la fe, el padre Abraham. Entender esto es la clave principal para entrar en las bendiciones de Dios. Abraham es nuestro padre y nosotros somos herederos de las bendiciones de Abraham.

Isaías 51 dice:

> *Oídme, los que seguís la justicia, los que buscáis a Jehová. Mirad a la piedra de donde fuisteis cortados, y al hueco de la cantera de donde fuisteis arrancados. Mirad a Abraham vuestro padre, y a Sara que os dio a luz; porque cuando no era más que uno solo lo llamé, y lo bendije y lo multipliqué.* (versículos 1–2)

¡Esta misma palabra de Dios es para nosotros hoy! Seguimos teniendo necesidad de *"mirad a Abraham"*, nuestro padre, y al pacto que hizo con Dios para todos los tiempos, ¡conectándole tanto a él como a su descendencia con las bendiciones del Señor! Recuerde: estamos conectando las ramas a las raíces, lo nuevo a lo viejo.

Quizá esté pensando: *¿Qué tiene que ver mi fe hoy día con Abraham, que vivió hace miles de años?* Hemos de entender que cuando Dios hace un pacto, no perece con el tiempo. ¡El pacto que Él hizo con Abraham fue para siempre!

> *Porque cuando Dios hizo la promesa a Abraham, no pudiendo jurar por otro mayor, juró por sí mismo, diciendo: De cierto te bendeciré con abundancia y te multiplicaré grandemente.* (Hebreos 6:13–14)

> *Porque todos los que habéis sido bautizados en Cristo, de Cristo estáis revestidos. Ya no hay judío ni griego; no hay esclavo ni libre; no hay varón ni mujer; porque todos vosotros sois uno en Cristo Jesús. Y si vosotros sois de Cristo, ciertamente linaje de Abraham sois, y herederos según la promesa.* (Gálatas 3:27–29)

Usted y yo somos linaje de Abraham, sus descendientes y herederos de las promesas de su pacto con Dios.

Usted y yo somos linaje de Abraham, sus descendientes y herederos de las promesas de su pacto con Dios.

Veamos ahora la parte física de volver a Dios. Este podría ser el mayor milagro de todos en cuanto a profecía bíblica. Dios está cumpliendo sus promesas a la nación de Israel, y eso incluye el regreso del pueblo de Dios a la Tierra Prometida desde el exilio, donde han estado esparcidos por todas las naciones del mundo.

Mire estas profecías que contiene la Palabra de Dios:

> *Acontecerá en lo postrero de los tiempos, que será confirmado el monte de la casa de Jehová como cabeza de los montes, y será exaltado sobre los collados, y correrán a él todas las naciones. Y vendrán muchos pueblos, y dirán: Venid, y subamos al monte de Jehová, a la casa del Dios de Jacob; y nos enseñará sus caminos, y caminaremos por sus sendas. Porque de Sion*

> *saldrá la ley, y de Jerusalén la palabra de Jehová.*
> (Isaías 2:2–3)

> *Acontecerá en los postreros tiempos que el monte de la casa de Jehová será establecido por cabecera de montes, y más alto que los collados, y correrán a él los pueblos. Vendrán muchas naciones, y dirán: Venid, y subamos al monte de Jehová, y a la casa del Dios de Jacob; y nos enseñará en sus caminos, y andaremos por sus veredas; porque de Sion saldrá la ley, y de Jerusalén la palabra de Jehová.* (Miqueas 4:1–2)

Otra palabra hebrea que se refiere al regreso de los judíos a la tierra de Israel es la palabra *aliyah*. Concretamente, *aliyah* es ascender o subir. En la sinagoga, se usa para describir a alguien que recibe el gran honor de leer la Torá. Esta persona es llamada a *aliyah* (ascender) a la plataforma para leer los rollos. Si está leyendo este libro, el llamado de Dios para usted es el de ascender, o subir, espiritualmente, y recibir la revelación y el entendimiento de las raíces judías de su fe. Como en todas las cosas, *aliyah* tiene tanto un significado espiritual como físico.

Físicamente, también se refiere al regreso de Israel del exilio en Egipto, y después del exilio en Babilonia; el regreso (*aliyah*) que hemos visto en el último siglo no se había visto nunca antes. Repasemos la historia reciente y veamos lo que nos muestra.

El primer *aliyah* en tiempos modernos comenzó a finales del siglo XIX y duró casi treinta años. Judíos de Rusia y otras áreas de Europa del Este huyeron de la persecución en dos grandes oleadas, con un retorno a Israel estimado de unos treinta y cinco mil en 1904 y otros cuarenta mil en 1914. Después, en 1923, otros cuarenta mil judíos regresaron cuando la nación de Israel comenzó a levantarse de las ruinas.

A finales de los años veinte, se calcula que unos ochenta y dos mil escaparon de la crisis económica y de la persecución que hubo en Polonia y Hungría. Finalmente, debido al ascenso de Hitler y del nazismo en Alemania en las décadas de 1930 y 1940, más de doscientos cincuenta mil judíos europeos huyeron de la persecución y regresaron a Israel. Aunque su tierra aún estaba bajo el control británico en ese tiempo, la atmósfera era peligrosa para el pueblo judío, y se establecieron unas pautas de inmigración muy estrictas. Cuando las Naciones Unidas declararon la constitución del Estado de Israel en 1948, más de seiscientos cincuenta mil judíos habían inmigrado de regreso a Israel.

La Proclamación del Establecimiento del Estado de Israel decía:

> El Estado de Israel estará abierto para la inmigración judía y para la acogida de los exiliados; fomentará el desarrollo del país para el beneficio de todos sus habitantes; estará basado en la libertad, la justicia y la paz como anticiparon los profetas de Israel; asegurará una igualdad completa de derechos sociales y políticos para todos sus habitantes independientemente de su religión, raza o sexo; garantizará la libertad de religión, conciencia, lenguaje, educación y cultura; salvaguardará los Lugares Santos de todas las religiones, y será fiel a los principios de la Carta de las Naciones Unidas.[1]

Tras esto, siguió en 1950 la Ley del Retorno, que garantizó a todos los judíos el derecho automático a inmigrar a Israel y convertirse en ciudadano de este nuevo estado. Tras esta ley, la población judía se duplicó con la llegada desde todas las naciones del mundo de inmigrantes, incluyendo a los supervivientes del Holocausto.

Sobre la base de cualquier medida histórica, la nación de Israel debería haber desaparecido ya desde hace mucho tiempo. La supervivencia del pueblo judío durante todo este tiempo no

[1]La Proclamación del Establecimiento del Estado de Israel, 14 de mayo 1948: http://www.mfa.gov.il/MFA/Peace%20Process/Guide%20to%20the%20Peace%20Process/Declaration%20of%20Establishment%2 0of%20State%20of%20Israel.

es nada más ni nada menos que un milagro. El hecho de que Israel siga existiendo hoy día como nación es un testimonio de la existencia de un Dios que actúa en la historia.

Si Dios decreta una cosa, no hay nación, emperador, enemigo o doctrina religiosa que pueda impedir que suceda.

Winston Churchill dijo: "Algunas personas simpatizan con el pueblo judío y otras no, pero ningún hombre centrado podrá negar el hecho de que son, sin lugar a duda, la raza más formidable y destacada que ha existido en el mundo".[2]

Mark Twain, el gran escritor americano, que era agnóstico y escéptico confeso, escribió:

> Los egipcios, babilonios y persas surgieron, llenaron el planeta de sonido y esplendor, y luego se desvanecieron y pasaron; el griego y el romano siguieron después, e hicieron un gran ruido, y ya no están; otros pueblos han surgido y sostenido su antorcha en alto durante algún tiempo, pero se consumió y ahora se sientan con luz tenue o han desaparecido. El judío los vio a todos, los derrotó a todos, y ahora es lo que siempre fue, sin exhibir decadencia, sin enfermedades de la edad, sin debilidad en sus miembros, sin frenar sus energías, sin entenebrecer su mente alerta y agresiva. Todas las cosas son mortales para el judío; todas las demás fuerzas pasan, pero él permanece. ¿Cuál es el secreto de su inmortalidad?[3]

El secreto se encuentra en las palabras proféticas declaradas sobre la nación de Israel. Si Dios decreta una cosa, no hay nación, emperador, enemigo o doctrina religiosa que pueda impedir que suceda.

---

[2]Citado por Geoffrey Wheatcroft en *The Controversy of Zion* (London: Sinclair-Stevenson, 1996), xi.

[3] Mark Twain, "Concerning the Jews", *Harper's Monthly Magazine*, septiembre 1899. Véase también Charles Neider, ed., *The Complete Essays of Mark Twain* (New York: Doubleday & Company, 1963), p. 249.

Durante miles de años, los judíos en todo el mundo han celebrado la cena de la Pascua, llamado el *seder.* Es un tiempo para celebrar el milagro de Dios al sacar a Israel de Egipto. Al final de cada *seder,* los participantes siempre dicen: "¡El año que viene en Jerusalén!". Durante miles de años, esa ha sido la oración. Cuando celebramos la Pascua, no sólo recordamos cómo la gracia de Dios sacó a Israel de siglos de esclavitud, sino que también anticipamos el momento en que Dios nos lleve a todos juntos a la ciudad de ciudades, Jerusalén.

El profeta Jeremías habló sobre el día en que Dios cambiaría la manera en que los judíos hablarían del milagro del Éxodo:

> *No obstante, he aquí vienen días, dice Jehová, en que no se dirá más: Vive Jehová, que hizo subir a los hijos de Israel de tierra de Egipto; sino: Vive Jehová, que hizo subir a los hijos de Israel de la tierra del norte, y de todas las tierras adonde los había arrojado; y los volveré a su tierra, la cual di a sus padres.*
>
> (Jeremías 16:14–15)

Esta profecía, aunque tiene tres mil años de antigüedad, sucedió el 14 de mayo 1948. Dios dijo: "Habrá un tiempo en que el pueblo de Israel no recordará sólo que les saqué de Egipto sino también que les saqué de las naciones del mundo: de Rusia, de Polonia, de Alemania, y de todos los lugares en los que estaban. Dirán: '¿Te acuerdas cuando Dios nos liberó con un milagro? Ya no somos exiliados. ¡Dios nos devolvió nuestra tierra!'".

El milagro de salir de Egipto hace tres mil años no es nada en comparación con lo que hemos visto hacer a Dios en el siglo pasado al hacer llegar a Israel a judíos de todo el mundo. Nunca ha habido un tiempo en la historia del mundo en el que un pueblo haya sido echado de su país y esparcido por el mundo durante dos mil años, y que haya regresado. Dios nos dio una profecía de que su pueblo, que ni siquiera se conocerían ni tendrían conexión los unos con los otros, regresarían todos a su tierra natal a reconstruir su país.

Lea conmigo la profecía en Ezequiel 37:

La mano de Jehová vino sobre mí, y me llevó en el Espíritu de Jehová, y me puso en medio de un valle que estaba lleno de huesos. Y me hizo pasar cerca de ellos por todo en derredor; y he aquí que eran muchísimos sobre la faz del campo, y por cierto secos en gran manera. Y me dijo: Hijo de hombre, ¿vivirán estos huesos? Y dije: Señor Jehová, tú lo sabes. Me dijo entonces: Profetiza sobre estos huesos, y diles: Huesos secos, oíd palabra de Jehová. Así ha dicho Jehová el Señor a estos huesos: He aquí, yo hago entrar espíritu en vosotros, y viviréis. Y pondré tendones sobre vosotros, y haré subir sobre vosotros carne, y os cubriré de piel, y pondré en vosotros espíritu, y viviréis; y sabréis que yo soy Jehová... Me dijo luego: Hijo de hombre, todos estos huesos son la casa de Israel. He aquí, ellos dicen: Nuestros huesos se secaron, y pereció nuestra esperanza, y somos del todo destruidos. Por tanto, profetiza, y diles: Así ha dicho Jehová el Señor: He aquí yo abro vuestros sepulcros, pueblo mío, y os haré subir de vuestras sepulturas, y os traeré a la tierra de Israel. (versículos 1–6, 11–12)

Los cristianos a menudo usan este pasaje para ilustrar cómo Dios puede resucitar nuestros sueños y destinos a través de su Palabra, y eso es válido. Si alguien está atravesando obstáculos en un matrimonio, en su economía o en su salud, puede declarar la Palabra del Señor a sus circunstancias y aplicar el principio de Ezequiel a su vida. Pero el profeta también está hablando sobre la tierra y el pueblo de Israel. De hecho, dice: "Israel, parece que estás muerto. ¿Podrás vivir?". Dios le estaba diciendo a Ezequiel: "Estos huesos no tienen carne, ni corazón ni pulmones. Mi tierra no tiene personas, ni gobierno, ni líderes ni ejército, pero te digo que estos huesos vivirán". Ezequiel respondió: "Dios, sólo tú lo sabes". En otras palabras, este es un milagro tan grande que sólo Dios podría hacerlo.

Por eso el profeta Isaías dijo: *"¿Quién oyó cosa semejante? ¿quién vio tal cosa? ¿Concebirá la tierra en un día? ¿Nacerá una nación de una vez? Pues en cuanto Sion estuvo de parto, dio a luz sus hijos"* (Isaías 66:8).

> *Por tanto, he aquí que vienen días, dice Jehová, en que no dirán más: Vive Jehová que hizo subir a los hijos de Israel de la tierra de Egipto, sino: Vive Jehová que hizo subir y trajo la descendencia de la casa de Israel de tierra del norte, y de todas las tierras adonde yo los había echado; y habitarán en su tierra.*
>
> (Jeremías 23:7–8)

Así como el mundo fue testigo del milagro de Dios al hacer volver a los judíos a Israel, ahora está siendo testigo del milagro de Dios al hacer volver a la iglesia a Israel.

Si Dios dijo que Israel se convertiría en una nación, Israel se convertirá en una nación. Si Dios dijo: "Lo llevaré de nuevo a su tierra prometida desde todo el mundo", entonces sucederá. Si Dios dijo: "Por mi llagas fuiste vosotros sanados", entonces somos sanados (véase Isaías 53:5). Lo que parece imposible, Dios hace que suceda. Lo que es imposible para el hombre no es imposible para Dios. ¿Podría Israel realmente volver? ¿Podría Dios restaurar Israel a su Tierra Prometida casi dos mil años después? En 1948, el milagro se hizo oficial cuando Israel fue reconocida como una nación.

En Génesis 12:3, Dios le prometió a Abram que Él bendeciría a los que le bendijeran y maldeciría a los que le maldijeran. Creo que durante dos mil años la iglesia ha estado bajo una maldición porque hemos enseñado que nuestra institución ha reemplazado a Israel. Hemos estado bajo una maldición porque hemos culpado a Israel. Hemos estado bajo una maldición porque hemos perseguido a Israel; pero Dios está a punto de revocar la maldición. Así como el mundo fue testigo del milagro de Dios al hacer volver a los judíos a Israel, ahora está siendo testigo del milagro de Dios al hacer volver a la iglesia a Israel.

En todo el mundo, cristianos están comenzando a abrazar y a amar a Israel. Están comenzando a amar al pueblo judío de Israel. Esta no es una nueva experiencia para la iglesia cristiana; es también una nueva experiencia para los judíos. Es el milagro de los últimos tiempos del *teshuvah*: el retorno. Dios está usando a cristianos como usted y yo, que hemos regresado a nuestras raíces judías, para restaurar una relación que había estado dañada durante siglos. Estamos derribando los muros de división.

Lea Isaías 58:9–12:

> *Entonces invocarás, y te oirá Jehová; clamarás, y dirá él: Heme aquí. Si quitares de en medio de ti el yugo, el dedo amenazador, y el hablar vanidad; y si dieres tu pan al hambriento, y saciares al alma afligida, en las tinieblas nacerá tu luz, y tu oscuridad será como el mediodía. Jehová te pastoreará siempre, y en las sequías saciará tu alma, y dará vigor a tus huesos; y serás como huerto de riego, y como manantial de aguas, cuyas aguas nunca faltan. Y los tuyos edificarán las ruinas antiguas; los cimientos de generación y generación levantarás, y serás llamado reparador de portillos, restaurador de calzadas para habitar.*

Dios está listo para regresar. Dondequiera que miramos, vemos las señales. El Mesías está listo para establecer su reino en Jerusalén, donde reinará y gobernará para siempre; pero antes habrá un regreso a Israel, no sólo un regreso físico de un pueblo a su tierra sino también un regreso espiritual, un *aliyah*, cuando creyentes suban espiritualmente a los orígenes judíos de la Palabra de Dios. Malaquías 4:6 se cumplirá cuando Dios *"hará volver el corazón de los padres hacia los hijos, y el corazón de los hijos hacia los padres"*. En todo el mundo, este regreso espiritual ya está empezando a ocurrir. La profecía de los últimos tiempos es que nuestros corazones se volverán hacia los padres de nuestra fe: Abraham, Isaac y Jacob.

Este es el cumplimiento de lo que Pablo escribió en Efesios 2:12–15:

> *En aquel tiempo estabais sin Cristo, alejados de la ciudadanía de Israel y ajenos a los pactos de la promesa, sin esperanza y sin Dios en el mundo. Pero ahora en Cristo Jesús, vosotros que en otro tiempo estabais lejos, habéis sido hechos cercanos por la sangre de Cristo. Porque él es nuestra paz, que de ambos pueblos hizo uno, derribando la pared intermedia de separación, aboliendo en su carne las enemistades, la ley de los mandamientos expresados en ordenanzas, para crear en sí mismo de los dos un solo y nuevo hombre, haciendo la paz.*

Estamos viendo la formación de ese *"nuevo hombre"*. Pablo siguió explicando esto su Epístola a los romanos, donde describió la manera correcta de ver la relación entre judío y gentil:

> *Pues si algunas de las ramas fueron desgajadas, y tú, siendo olivo silvestre, has sido injertado en lugar de ellas, y has sido hecho participante de la raíz y de la rica savia del olivo, no te jactes contra las ramas; y si te jactas, sabe que no sustentas tú a la raíz, sino la raíz a ti.* (Romanos 11:17–18)

Dios no ha rechazado al pueblo judío, sino que ellos son la raíz que soporta todo lo demás. Cuando entendemos, subimos, no sólo físicamente sino también espiritualmente, a la Palabra de Dios para que se puedan desvelar los misterios y liberar los milagros.

Cuando me invitaron a hablar en una de las sinagogas judías aquí en Dallas, no sabía qué tipo de respuesta esperar de la congregación. Había forjado una amistad con los rabinos en los años previos que comenzó con un servicio que habíamos llamado "Noche para honrar a Israel", pero ganarse la confianza de la comunidad judía no es fácil. No es difícil entender por qué hay tanta desconfianza y escepticismo en las mentes de la mayoría de los judíos hacia los cristianos. Ellos han sido las dianas de mucha persecución durante siglos, un hecho que aún afecta su visión del cristianismo.

Hace varios años, Tiz y yo hicimos una visita en grupo a Israel. Durante nuestra visita, vimos un hermoso anillo en la ventana del hotel Rey David. Tenía una frase en hebreo que decía: "Cuando abres tu mano para ayudar a la gente, acercas a Dios a ti. Cuando cierras tu mano para ayudar a la gente, alejas a Dios de ti". Tiz y yo fuimos conmovidos por este dicho en el anillo, así que como sorpresa de mi cincuenta cumpleaños, Tiz se puso en contacto con la artista israelí y mandó hacer uno para mí. Tiz le dijo a la artista que éramos pastores cristianos que enseñaban a la gente sobre las raíces judías del cristianismo, y que amábamos a la nación y al pueblo de Israel. La artista, Janet, se quedó sorprendida y dijo: "No entiendo eso. ¿Ustedes los cristianos no nos odian por ser judíos? Lo único que sé sobre los cristianos, por la historia y por las noticias, me hace pensar que los cristianos son nuestros enemigos y que quieren destruirnos. Siempre he pensado que los cristianos querían robar nuestra alma y destruirnos como pueblo. ¿Qué es lo que hace que usted y su esposo quieran aceptarnos y acercarse a nosotros?".

Tiz compartió con ella que nuestra misión era derribar los muros que dividen y hacer volver el mundo cristiano a sus raíces judías. Se produjo una maravillosa amistad y conexión que hemos desarrollado durante los últimos años.

La historia de Golda

La noche que hablé en la sinagoga, obtuve una viva imagen de lo grande que será el trabajo de derribar las murallas que nos han dividido durante generaciones. Pero también vi lo fácil que es que usted y yo comencemos a derribarlas. Los rabinos me habían pedido que hablara sobre este tema: "Derribando las murallas que dividen y construyendo un puente". El objetivo de mi charla era que todos nosotros nos enfocásemos en lo que tenemos en común. En una hora, intenté enseñar sobre las mismas cosas que estoy exponiendo en este libro. Al final, los rabinos me pidieron si podíamos abrir la reunión para hacer preguntas y dialogar con la congregación. De hecho, un rabino sonrió y les dijo a los asistentes: "¡Hagan todas las preguntas que quieran!". Para mi alegría, esas maravillosas personas me bombardearon con preguntas sinceras, queriendo saber todo sobre por qué yo enseñaba sobre las raíces judías de la fe cristiana. Fue una noche increíble, y todos pudimos sentir que las murallas de división se derrumbaban.

Después de eso, Tiz habló con una mujer encantadora llamada Golda, la cual estaba muy conmovida tras el evento. Con lágrimas en sus ojos, le contó a Tiz su historia:

> Nací y fui criada en un hogar judío en Montreal, Canadá. Voy a cumplir setenta años. Amo a Dios con todo mi corazón, guardo todas las fiestas judías y voy a la sinagoga dos o tres veces por semana. He educado a todos mis hijos de igual modo. Tenemos una familia maravillosa y encantadora, pero en todos mis años y en todos mis viajes, ¡nunca había oído nada como lo que he oído esta noche! Durante toda mi vida me he mantenido adrede alejada de los cristianos porque sinceramente pensaba que me odiaban por ser judía.
>
> Mi primera experiencia con "cristianos" fue cuando era niña en mi vecindario en Montreal. Mi familia era la única familia judía del vecindario. Recuerdo como si fuera ayer cuando los niños del vecindario me rodeaban y gritaban: "¡Sucia niña judía! Vete a casa, ¡cerda niña judía!". Me insultaban y me perseguían interminablemente hasta que, horrorizada, me iba a casa. Desde entonces, hace casi setenta años, mi

idea de los cristianos fue marcada por esas experiencias. Supuse que todos ellos sentían lo mismo hacia nosotros, como judíos.

Por consiguiente, les enseñé a mis hijos y a mis nietos a pensar y reaccionar de la misma manera en sus vidas. Hemos mantenido nuestra distancia de separación con el mundo cristiano y nunca hemos tenido ningún deseo o razón de hacer lo contrario.

Durante tres generaciones, hemos vivido con estas murallas de división, pero ahora, por primera vez en mi vida, ¡estoy oyendo que usted me ama y se preocupa por mí! No puedo explicarle lo mucho que esto me está impactando. ¡Esta noche ha cambiado mi vida y la de mis hijos y nietos para siempre! Gracias a usted y a su pueblo, pastor Huch, por venir aquí a hablar con nosotros ¡y por mostrarnos su amor y el amor de Dios! ¡Que Dios le bendiga!

Mientras Golda y Tiz lloraban juntas, Tiz le dio un abrazo diciendo: "¡Permítame ser la primera cristiana en darle un abrazo!". Con un simple mensaje y acto de amor, cientos de años de murallas que habían dividido se derrumbaron para las siguientes generaciones. Y permítame decir que no fue Dios el que construyó esas murallas sino el mal entendimiento y la crueldad de la humanidad. Es el tiempo para que todo el pueblo de Dios derribe las murallas que dividen ¡y trabajen juntos para dar paso al gran derramamiento de los últimos tiempos!

Parte II

Desvelando el camino a la prosperidad

4

Camino a la prosperidad: Del desierto a la Tierra Prometida

Guardarás, pues, los mandamientos de Jehová tu Dios, andando en sus caminos, y temiéndole. Porque Jehová tu Dios te introduce en la buena tierra, tierra de arroyos, de aguas, de fuentes y de manantiales, que brotan en vegas y montes; tierra de trigo y cebada, de vides, higueras y granados; tierra de olivos, de aceite y de miel; tierra en la cual no comerás el pan con escasez, ni te faltará nada en ella; tierra cuyas piedras son hierro, y de cuyos montes sacarás cobre. Y comerás y te saciarás, y bendecirás a Jehová tu Dios por la buena tierra que te habrá dado. Cuídate de no olvidarte de Jehová tu Dios, para cumplir sus mandamientos, sus decretos y sus estatutos que yo te ordeno hoy; no suceda que comas y te sacies, y edifiques buenas casas en que habites, y tus vacas y tus ovejas se aumenten, y la plata y el oro se te multipliquen, y todo lo que tuvieres se aumente; y se enorgullezca tu corazón, y te olvides de Jehová tu Dios, que te sacó de tierra de Egipto, de casa de servidumbre; que te hizo caminar por un desierto grande y espantoso, lleno de serpientes ardientes, y de escorpiones, y de sed, donde no había agua, y él te sacó agua de la roca del pedernal; que te sustentó con maná en el desierto, comida que tus padres no habían conocido, afligiéndote y probándote, para a la postre hacerte bien; y digas en tu corazón: Mi poder y la fuerza de

> *mi mano me han traído esta riqueza. Sino acuérdate de Jehová tu Dios, porque él te da el poder para hacer las riquezas, a fin de confirmar su pacto que juró a tus padres, como en este día.* (Deuteronomio 8:6–18)

En esta sección, le equiparé para que rompa la maldición de la pobreza y libere la bendición de la prosperidad. Le mostraré que no es la voluntad ni el plan de Dios para usted vivir en escasez, carencia e insuficiencia, sino que su voluntad es que viva en abundancia y prosperidad. ¿Está listo para salir del desierto y entrar a la Tierra Prometida, la tierra que se le prometió a nuestros antepasados? Venga conmigo mientras le muestro el camino a la prosperidad. ¿Me permite ser su guía a la Tierra Prometida?

Entre el cautiverio y la Tierra Prometida

Deuteronomio 8 describe un gran punto de inflexión en la historia judía. El pueblo de Dios había estado vagando por el desierto durante cuarenta años debido al temor y la incredulidad. El desierto era mejor que la esclavitud en Egipto, pero no era lo mejor de Dios. Finalmente, el Señor declaró que los israelitas estaban listos para salir del desierto y entrar en la Tierra Prometida. Dios había cuidado de ellos en el desierto, alimentándoles con maná y guiándoles al agua, pero esos años habían sido un tiempo de supervivencia. Dios había declarado que la Tierra Prometida sería una *"buena tierra, tierra de arroyos, de aguas, de fuentes y de manantiales, que brotan en vegas y montes; tierra de trigo y cebada, de vides, higueras y granados; tierra de olivos, de aceite y de miel; tierra en la cual no comerás el pan con escasez"*. Era una tierra en la que no les faltaría de nada.

Debido a su incredulidad y desobediencia, sin embargo, el pueblo de Dios se había perdido todo lo que Él había pretendido darles desde siempre. Estaban pagando las consecuencias por no guardar los mandamientos de Dios.

Finalmente, llegó el día en que pudieron dejar el desierto, de una vez por todas. Era el momento de entrar y poseer la tierra que Dios les había prometido. ¡Era el momento de conectar con su pacto de bendiciones!

De igual forma, ahora es *su* tiempo de salir de su desierto, y salir de su "supervivencia" ¡de una vez por todas! ¡Es *su* tiempo de conectar con el pacto de bendiciones de Dios para *su* vida! Ahora, permítame mostrarle un poderoso secreto que explica por qué.

Ahora es *su* tiempo de salir de su desierto, y salir de su "supervivencia" ¡de una vez por todas! ¡Es *su* tiempo de conectar con el pacto de bendiciones de Dios para *su* vida!

Antes de que el pueblo de Dios entrará en la Tierra Prometida, Moisés le dijo a su suegro: *"Nosotros partimos para el lugar del cual Jehová ha dicho: Yo os lo daré... Te ruego que no nos dejes; porque tú conoces los lugares donde hemos de acampar en el desierto, y nos serás en lugar de ojos"* (Números 10:29, 31). Pero su suegro, un gentil, se negó, diciendo: *"Yo no iré, sino que me marcharé a mi tierra y a mi parentela"* (versículo 30). En otras palabras, rehusó entrar a la Tierra Prometida sin antes regresar a por su propio pueblo.

Una de las preguntas que me hacen siempre que enseño entre el pueblo judío es: "Usted entiende los aspectos judíos de la Biblia más que muchos de nosotros. ¿Por qué no viene con nosotros?". Mi respuesta es la misma que dio el suegro de Moisés: "Iré con ustedes, pero primero debo regresar y traer a mi propio pueblo. Tengo que regresar a por los cristianos". Dios quiere que judíos y gentiles vayan a la Tierra Prometida juntos. Creo que nosotros, como cristianos, estamos a punto de ir y entrar a una Tierra Prometida de prosperidad, una tierra en la que fluye leche y miel. La mayoría de los judíos no creen en una doctrina de pobreza, sino en el pacto de prosperidad. En esta sección, le llevaré por la última parte del desierto antes de entrar a la Tierra Prometida con el pueblo judío para que, juntos, ¡podamos disfrutar la tierra donde fluye leche y miel!

Cuando Dios le habló a Moisés a través de la zarza ardiente, le explicó que su pueblo permanecería en esclavitud por un tiempo, pero que cuando ese período acabara, le llevaría en un viaje hacia la Tierra Prometida; y ellos no emprenderían ese viaje con las manos vacías sino con toda la plata y el oro de Egipto.

> *Pero yo extenderé mi mano, y heriré a Egipto con todas mis maravillas que haré en él, y entonces os dejará ir. Y yo daré a este pueblo gracia en los ojos de los egipcios, para que cuando salgáis, no vayáis con las manos vacías; sino que pedirá cada mujer a su vecina y a su huéspeda alhajas de plata, alhajas de oro, y vestidos, los cuales pondréis sobre vuestros hijos y vuestras hijas; y despojaréis a Egipto.*
>
> (Éxodo 3:20–22)

Las antiguas enseñanzas judías dicen que cuando Moisés se estaba preparando para sacar al pueblo de Egipto, Dios le dijo: "Ruega a mi pueblo. No se vayan sin la plata y el oro". Ahora, deténgase y piense en eso. ¿Por qué tuvo que decirle Dios a Moisés que se asegurase de que el pueblo salía con las riquezas de los egipcios? ¿Por qué le dijo Dios a Moisés que rogara a su pueblo que no saliera sin la plata y el oro? Es porque el pueblo estaba tan emocionado con su libertad, con dejar de ser esclavos, que con eso estarían satisfechos. Para ellos era suficiente el hecho de ser libres, pero Dios insistió en que la transferencia de las riquezas de las cuentas bancarias de los impíos a las manos de los hijos de Dios era parte de su redención.

¿Cuántos de nosotros pensamos que es suficiente recibir el perdón y saber que estamos de camino al cielo? Pero Dios está diciendo: "¡No! Quiero que experimenten la última parte de este viaje. Quiero que tomen la plata y el oro porque esa es la segunda parte de su redención". Esta es la gran transferencia de riquezas a sus manos. Es Dios añadiendo a su libertad la bendición de la prosperidad. Deuteronomio 8:18 dice: *"Sino acuérdate de Jehová tu Dios, porque él te da el poder para hacer las riquezas, a fin de confirmar su pacto"*. Hemos de entender que tenemos un pacto de prosperidad con Dios.

En el Nuevo Testamento, Dios nos ha dado un pacto de sangre a través de Jesucristo para recibir todas sus promesas, incluyendo la prosperidad.

> *En quien tenemos redención por su sangre, el perdón de pecados según las riquezas de su gracia.*
> (Efesios 1:7)

Ahora, permítame mostrarle otro secreto concerniente a lo que significa ser redimido.

Hemos sido redimidos por la sangre del Cordero. Cuando predico, a menudo digo: "Termine esta frase: 'Somos redimidos por la __________'". En respuesta, las personas normalmente gritan: "¡Sangre!". Después pregunto: "¿Donde vertió Jesús su sangre?". A esto, la mayoría de las personas responden: "En el Calvario". Después, les muestro la revelación de que Jesús no derramó su sangre una sola vez sino en siete ocasiones distintas.

> *Tomará luego de la sangre del becerro, y la rociará con su dedo hacia el propiciatorio al lado oriental; hacia el propiciatorio esparcirá con su dedo siete veces de aquella sangre.* (Levítico 16:14)

Ser *redimido* es ser "comprado de nuevo" o ser "visto nuevamente". En otras palabras, es ser llevado otra vez al huerto de Edén, donde se nos vuelve a ver como hijos del pacto. Por eso, uno de los siete "lugares" en donde Jesús vertió su sangre fue cuando le obligaron a llevar la corona de espinos. Su propósito fue romper la maldición de la pobreza. Permítame ilustrarle la maldición de la pobreza y la resultante separación de Dios.

> *Y Jehová Dios hizo al hombre y a su mujer túnicas de pieles, y los vistió. Y dijo Jehová Dios: He aquí el*

hombre es como uno de nosotros, sabiendo el bien y el mal; ahora, pues, que no alargue su mano, y tome también del árbol de la vida, y coma, y viva para siempre. (Génesis 3:21–22)

Después, Dios los expulsó, quitándoles del huerto.

Y lo sacó Jehová del huerto del Edén, para que labrase la tierra de que fue tomado. Echó, pues, fuera al hombre, y puso al oriente del huerto de Edén querubines, y una espada encendida que se revolvía por todos lados, para guardar el camino del árbol de la vida. (versículos 23–24)

En estos dos versículos, dice lo mismo dos veces: Dios sacó a Adán y Eva, y luego los expulsó. En hebreo, siempre que encontramos dos cosas de algo o leemos algo que se enseña dos veces, es porque hay una revelación secreta que Dios está intentando desvelar.

Aquí, Dios está revelando algo físico y algo espiritual. Primero, en el versículo 23, Dios quitó físicamente al hombre de huerto, una tierra de abundancia que fluía leche y miel. Después, en el versículo 24, le expulsó del huerto, y esta fue una separación espiritual. La antigua sabiduría judía dice que Dios se divorció de Adán y Eva, y de la humanidad, con lo que dejó de ser *Jehová-Yiré*, su Proveedor. En el huerto, aunque el hombre trabajaba sembrando semilla y labrando la tierra, su relación de pacto con Dios fue lo que hizo que todo lo que emprendiera prosperase. Cuando Dios quitó a Adán y Eva de huerto, fueron quitados de su presencia físicamente, y también fueron quitados de su provisión espiritualmente. Fueron expulsados del huerto a una maldición de pobreza.

...Maldita será la tierra por tu causa; con dolor comerás de ella todos los días de tu vida. Espinos y cardos te producirá, y comerás plantas del campo. (versículos 17–18)

Dios maldijo la tierra con espinos y cardos. El sudor de la frente de Adán simbolizaba que aunque se sembrara mucha semilla, aunque se labrara mucho la tierra y aunque se realizaran muchas tareas, Dios había dejado de ser *Jehová-Yiré*; el pacto de abundancia ya no estaría en vigor. Así, el espino se convirtió en el símbolo de la maldición de la pobreza. Por eso los soldados tomaron ramas de una zarza e hicieron una corona, haciendo sangrar a Jesús al colocársela en su cabeza. Jesús fue coronado con el símbolo de la maldición de la pobreza. Cuando la corona hizo que la sangre corriera por la frente de Jesús, volvimos a ser conectados con el pacto de prosperidad y abundancia. Por eso se dice en Deuteronomio 8:18: *"Porque él* [Dios] *te da el poder para hacer las riquezas, a fin de confirmar su pacto"*. La redención no es tan sólo ser salvado y liberado, es también ser reconectado con el pacto en el que *"la riqueza del pecador está guardada para el justo"* (Proverbios 13:22) y depositada en sus manos.

¿A qué se debe que cuando los judíos salieron de Egipto, la gente les daba toda su plata y su oro? Se debe a que los egipcios les debían a los judíos el equivalente al salario de cuatrocientos años.

En este salmo, el salmista escribió honestamente desde su corazón al Señor, expresando una actitud que podemos albergar de vez en cuando:

> *Ciertamente es bueno Dios para con Israel, para con los limpios de corazón. En cuanto a mí, casi se deslizaron mis pies; por poco resbalaron mis pasos. Porque tuve envidia de los arrogantes, viendo la prosperidad de los impíos. Porque no tienen congojas por su muerte, pues su vigor está entero. No pasan trabajos como los otros mortales, ni son azotados como los demás hombres. Por tanto, la soberbia los corona; se cubren de vestido de violencia. Los ojos se les saltan de gordura; logran con creces los antojos del*

> *corazón. Se mofan y hablan con maldad de hacer violencia; hablan con altanería. Ponen su boca contra el cielo, y su lengua pasea la tierra. Por eso Dios hará volver a su pueblo aquí, y aguas en abundancia serán extraídas para ellos. Y dicen: ¿Cómo sabe Dios? ¿Y hay conocimiento en el Altísimo? He aquí estos impíos, sin ser turbados del mundo, alcanzaron riquezas. Verdaderamente en vano he limpiado mi corazón, y lavado mis manos en inocencia; pues he sido azotado todo el día, y castigado todas las mañanas. Si dijera yo: Hablaré como ellos, he aquí, a la generación de tus hijos engañaría. Cuando pensé para saber esto, fue duro trabajo para mí, hasta que entrando en el santuario de Dios, comprendí el fin de ellos.*
>
> (Salmos 73:1–17)

¿Alguna vez se ha sentido así? Dijo: "Señor, sé que eres un buen Dios, pero hay algo que me está haciendo tambalear. Veo a los impíos con todo el dinero y toda la prosperidad. Son prósperos, están llenos de orgullo y sus ojos se les saltan de gordura. Sus copas están llenas y rebosando. Dios, ¿por qué tienen todo eso, mientras tus hijos no tienen nada? Es demasiado doloroso verlo". Luego, en el versículo 17, entró en el santuario de Dios y entendió cuál sería el fin de ellos.

Ahora, veamos el cumplimiento del Salmos 73 en Santiago 5:

> *¡Vamos ahora, ricos! Llorad y aullad por las miserias que os vendrán. Vuestras riquezas están podridas, y vuestras ropas están comidas de polilla. Vuestro oro y plata están enmohecidos; y su moho testificará contra vosotros, y devorará del todo vuestras carnes como fuego. Habéis acumulado tesoros para los días postreros. He aquí, clama el jornal de los obreros que han cosechado vuestras tierras, el cual por engaño no les ha sido pagado por vosotros; y los clamores de los que*

> *habían segado han entrado en los oídos del Señor de los ejércitos. Habéis vivido en deleites sobre la tierra, y sido disolutos; habéis engordado vuestros corazones como en día de matanza. Habéis condenado y dado muerte al justo, y él no os hace resistencia. Por tanto, hermanos, tened paciencia hasta la venida del Señor. Mirad cómo el labrador espera el precioso fruto de la tierra, aguardando con paciencia hasta que reciba la lluvia temprana y la tardía.* (Santiago 5:1–7)

Este pasaje predice la transferencia de riquezas de los últimos tiempos. Mire concretamente al versículo 4: *"He aquí, clama el jornal de los obreros que han cosechado vuestras tierras, el cual por engaño no les ha sido pagado por vosotros"*. Santiago se estaba refiriendo a aquellas personas en el mundo que han robado las bendiciones de los hijos de Dios. *"¡Vamos ahora, ricos! Llorad y aullad por las miserias que os vendrán"*. No dijo que hubiera nada de malo en ser rico. Estaba escribiendo sobre aquellos que se han hecho ricos engañando a otros. *"Vuestro oro y plata están enmohecidos; y su moho testificará contra vosotros, y devorará del todo vuestras carnes como fuego. Habéis acumulado tesoros para los días postreros"*. Esta es una profecía concerniente a usted y yo. Al igual que los israelitas salieron de Egipto con todo el oro y la plata, la transferencia de riqueza de los últimos tiempos de los impíos a las manos de los justos será un testimonio del favor de Dios ante el mundo entero. *"Habéis acumulado tesoros para los días postreros. He aquí, clama el jornal de los obreros que han cosechado vuestras tierras, el cual por engaño no les ha sido pagado por vosotros; y los clamores de los que habían segado han entrado en los oídos del Señor de los ejércitos"*. Las palabras *"Señor de los*

Cuando nos damos cuenta de que no es la voluntad de Dios que sigamos luchando bajo cargas económicas o que estemos en gran deuda con el mundo, clamaremos.

ejércitos" se refiere al capitán de los ejércitos o de las huestes o, aún mejor, el señor vengador. Por tanto, en los últimos tiempos estarán los hijos de Dios, clamando y diciendo: "Dios, no está bien que estemos sobreviviendo. Somos tus hijos". Cuando nos damos cuenta de que no es la voluntad de Dios que sigamos luchando bajo cargas económicas o que estemos en gran deuda con el mundo, clamaremos. Cuando finalmente nos demos cuenta de que debemos ser cabeza y no cola, estar encima y no debajo, prestar y no pedir prestado, Dios hará por nosotros exactamente lo que hizo por el pueblo de Israel cuando salieron de Egipto.

Identificar al verdadero ladrón

¿Por qué merecían los israelitas la plata y el oro de los egipcios? Porque los egipcios les debían cuatrocientos años de salarios. ¿Qué le debe a usted el mundo? El "señor vengador" le va a devolver todo lo que ha perdido. El ladrón no es la persona que le estafó en un trato empresarial. Ese individuo era solamente una herramienta usada por el diablo. El ladrón es el diablo mismo. Jesús dijo: *"El ladrón no viene sino para hurtar y matar y destruir"* (Juan 10:10).

Si usted es afroamericano y sus antepasados vivieron la esclavitud y tuvieron que trabajar sin compensación, esa riqueza ha sido almacenada para usted. Si uno de los miembros de su familia inventó algo lucrativo y no le dieron el reconocimiento por ello, todo lo que él o ella hubiera ganado está almacenado y se le entregará a usted. Si es una mujer y han pasado por encima de usted para conseguir un ascenso o le han pagado menos haciendo el mismo trabajo que un hombre, tiene que reclamar lo que sus antepasados femeninos nunca tuvieron. Si usted es mexicoamericano y lo único que ha conocido toda su familia ha sido la pobreza y trabajos muy mal pagados, tiene que reclamar el acceso a oportunidades mejores. Si usted es americano nativo, tiene que reclamar la riqueza que sus abuelos deberían haber tenido. Si es asiático americano y América construyó las vías sobre las espaldas de sus antepasados, Dios escucha su clamor.

Cuando descubre quién es el verdadero ladrón, él tendrá que pagarle siete veces lo que le ha robado. Si alguien le ha desvalijado, robado o engañado, recuerde que *"no tenemos lucha contra sangre y carne, sino contra principados, contra potestades, contra los gobernadores de las tinieblas de este siglo, contra huestes espirituales de maldad en las regiones celestes"* (Efesios 6:12). Las personas son herramientas. Si estamos en manos del Carpintero, estamos edificando las vidas de las personas; pero si estamos en las manos del diablo, estamos destruyendo las vidas de las personas.

Esto es algo que enseño continuamente. Si impongo manos sobre usted y es sanado, ¿quién le sanó? Por supuesto, fue Dios. Pero si impongo mis manos sobre usted y le robo, ¿quién le robó? La mayoría de la gente diría que fui *yo* el que le robó. ¿A qué se debe que somos espirituales para darle a Dios la gloria cuando ocurre un milagro, pero no hemos aprendido a culpar al diablo cuando suceden calamidades? Las personas son solamente herramientas. O bien somos herramientas en las manos de Dios o herramientas en las manos del diablo, y por eso la Biblia dice: *"No tenemos lucha contra sangre y carne, sino contra principados, contra potestades, contra los gobernadores de las tinieblas de este siglo"*.

El ladrón no es el hombre o la mujer que le dio una puñalada por la espalda, ese socio en la empresa que le defraudó o esa organización que le maltrató. El ladrón es el diablo, y cuando entienda que es el diablo quien ha estado robando su bendición, él tendrá que pagarle todo lo que le robó, multiplicado por siete.

Este es un ejercicio para fortalecer la fe: siéntese con pluma y papel e intente escribir todo lo que le hayan robado durante su vida. ¿Cuánto le han robado esos familiares sin escrúpulos, maestros, jefes o "amigos"? Dese cuenta de que Satanás es el que realmente le robó esas cosas y luego reclámelas. Dígale a Satanás que quiere todo lo que le robó durante todos esos años, con intereses, multiplicado por siete.

El deseo que Dios puso en usted

Ahora bien, a través de la sangre de Jesús y los pactos de prosperidad y éxito, *"Te bendecirá Jehová tu Dios en todos tus hechos, y en todo lo que emprendas"* (Deuteronomio 15:10).

Sabemos que las Escrituras dicen *"Deléitate en el SEÑOR, y él te concederá los deseos de tu corazón"* (Salmos 37:4, NVI). Pero quiero mostrarle lo que realmente significa en términos de pensamiento hebreo. Cuando usted comienza a desear algo, suponiendo, claro está, que es conforme a la voluntad de Dios, la razón por la que lo quiere es porque Él puso ese deseo en su corazón. El deseo de establecer una empresa o de prosperar y hacer más dinero o de tener un auto mejor o una casa no es malo. Esa es la naturaleza de Dios. El Dios al que servimos no es el Dios de la "supervivencia", sino el Dios de la abundancia. Así, cuando comienza a desear esas cosas es porque Dios ha puesto esos deseos en su corazón.

¿Por qué es esto importante? Porque la Biblia dice: *"Pero pida con fe, no dudando nada; porque el que duda es semejante a la onda del mar, que es arrastrada por el viento y echada de una parte a otra. No piense, pues, quien tal haga, que recibirá cosa alguna del Señor. El hombre de doble ánimo es inconstante en todos sus caminos"* (Santiago 1:6–8). El enemigo nunca le dirá que Dios *no puede* traer riqueza a su vida. Lo vemos a nuestro alrededor. Yo al menos lo veo en Dallas, y es maravilloso: rascacielos de cristal, un estadio de fútbol de mil millones de dólares, autos de lujo y casas preciosas. Todos sabemos que la riqueza está ahí, y sin embargo, muchos cristianos no creen que sea para ellos. Sabemos que Dios puede proveer riqueza, pero no pensamos que lo vaya a hacer para nosotros. De hecho, a muchos cristianos les han enseñado que incluso desear la riqueza es malo. Tenemos doble ánimo, y cuando tenemos doble ánimo no recibimos nada.

Quizá desea montar una empresa. Le gustaría tener a personas trabajando para usted en vez de tener que trabajar siempre para otra persona. Desea ser el que presta y no el que pide prestado. Dios ha puesto esos deseos en su corazón, pero desgraciadamente, quizá le hayan dicho que ser cristiano y empresario a la vez no es compatible. Tiene que entender que cuando Deuteronomio dice: *"Te bendecirá Jehová tu Dios en todos tus hechos, y en todo lo que emprendas"*, significa que Dios le dio la unción para hacer dinero.

En el libro de Apocalipsis, dice dos veces que somos ungidos para ser *"reyes y sacerdotes"* (Apocalipsis 1:6; 5:10). Es tiempo de que la iglesia reciba esta verdad. Cuando enseño los domingos por la mañana, confío en la unción de Dios para hacer lo que Él me ha llamado a hacer. Ocurre lo mismo para todos ustedes que no están en el ministerio. Yo he sido ungido por Dios para ser sacerdote, usted ha sido ungido por Dios para ser rey o reina, ha sido ungido por Dios para hacer dinero. Por eso el Señor le dijo a Moisés que rogara a su pueblo que se asegurase de salir de Egipto con toda la plata y el oro, para que Israel no tuviera "doble ánimo".

Jesús incluso habló sobre esto en su parábola de los talentos en Lucas 19. En la parábola, un hombre noble le dio a cada uno de sus siervos diez minas, o talentos, y se fue. Mientras estaba fuera, dos de los sirvientes usaron sus talentos para ganar más. Eso agradó al hombre noble, quien les recompensó con más riquezas y responsabilidad. Al más rico, le dijo: *"Está bien, buen siervo; por cuanto en lo poco has sido fiel, tendrás autoridad sobre diez ciudades"* (Lucas 19:17). Claramente, esto demostraba que el hombre noble (Dios) había ungido a sus siervos (nosotros) para tomar el dinero que les había dado y usarlo para hacer más dinero.

Cuando uno de los siervos del amo escondió su talento por temor a perderlo, sin embargo, el hombre noble le reprendió, diciendo: *"¿Por qué, pues, no pusiste mi dinero en el banco, para que al volver yo, lo hubiera recibido con los intereses?"*

(Lucas 19:23). Aquí Jesús estaba hablando sobre negocios y sobre multiplicar la inversión de uno. Incluso daba a entender que si no se invertía en un negocio, se corría el riesgo de perder cualquier bendición de Dios. Tenemos que acostumbrarnos al hecho de que hemos sido ungidos por Dios para hacer dinero.

> *Jesucristo, que por amor a vosotros se hizo pobre, siendo rico, para que vosotros con su pobreza fueseis enriquecidos.* (2 Corintios 8:9)

Dios quiere que usted sea bendecido; necesita que usted sea próspero para mostrar a otros a qué tipo de Dios servimos. Nunca ha habido un tiempo mejor para ser bendecido. Dios está levantando a creyentes que serán bendecidos no sólo en las finanzas, sino también con influencia sobre las empresas, la educación, el gobierno y todas las áreas de la sociedad. Wall Street podría fallar, Washington, D.C., podría fallar, pero Dios y su pacto de prosperidad nunca fallarán.

Dios quiere que usted sea bendecido; necesita que usted sea próspero para mostrar a otros a qué tipo de Dios servimos.

Según viajamos hacia la Tierra Prometida, puedo oír a Dios rogándonos, como lo hizo con los hijos de Israel cuando salieron de Egipto: "Por favor, no comiencen este viaje de los últimos tiempos sin la plata y el oro". Dios quiere que usted prospere porque es su hijo. Dios necesita que prospere para poder *"id por todo el mundo y predicad el evangelio a toda criatura"* (Marcos 16:15). Tiene que saber que Dios le ha ungido para hacer dinero. ¡Dios quiere bendecirle grandemente para que usted pueda *ser* una gran bendición!

5

Romper la maldición de la pobreza

En este capítulo vamos a romper la maldición de la carencia, la insuficiencia y la pobreza sobre su vida, ¡de una vez por todas! Hemos estado estudiando al pueblo de Israel cuando salió del desierto y entró en la Tierra Prometida. Usted puede experimentar el mismo tipo de liberación en su vida; pero, así como recibimos liberación en el ámbito físico, también necesitamos recibir liberación en el ámbito espiritual. Tenemos que renovar nuestras mentes, saliendo de la mentalidad antigua, limitada y pobre del desierto. Tenemos que estirar nuestro pensamiento, salir de nuestra pequeña manera de pensar y desarrollar una visión del tamaño de Dios para nuestras vidas.

Romper la maldición de la pobreza es un tema que me encanta enseñar, casi más que cualquier otro. ¿Qué dice la Palabra de Dios sobre las finanzas y la prosperidad? Llevo en el ministerio más de tres décadas, y en ese tiempo he visto la enseñanza de la prosperidad cristiana ir en dos direcciones: he escuchado a personas que dicen que sólo se trata de dinero, y también he escuchado a personas decir que la prosperidad es una palabra maligna y pecaminosa que no se debería tratar en la iglesia. Yo he decidido que si Dios habla sobre finanzas y prosperidad, nosotros también tenemos que hablar sobre estas cosas en la iglesia y en el reino de Dios.

Para comenzar, regresemos nuevamente a Deuteronomio.

> *Guardarás, pues, los mandamientos de Jehová tu Dios, andando en sus caminos, y temiéndole. Porque Jehová tu Dios te introduce en la buena tierra, tierra de arroyos, de aguas, de fuentes y de manantiales, que brotan en vegas y montes; tierra de trigo y cebada, de vides, higueras y granados; tierra de olivos, de aceite y de miel; tierra en la cual no comerás el pan con escasez, ni te faltará nada en ella.* (Deuteronomio 8:6–9)

Esta no es una tierra en la que usted sólo "sobrevivirá", sino una tierra en la que *"no... te faltará nada en ella"*. Dios estaba sacando a su pueblo del desierto, ¡y también quiere sacar a su pueblo del desierto en nuestros días! El "desierto" simboliza la tierra de la "supervivencia". Aquí es donde está acampada la mayor parte de la iglesia. Solíamos estar en Egipto, donde éramos esclavos, y Dios nos libró y nos salvó, y ahora vamos de camino a la Tierra Prometida. Hasta que lleguemos allí, sin embargo, seguimos estando en el desierto, apenas sobreviviendo. Mientras estamos aquí en el desierto, de vez en cuando Dios abre una ventana y nos da maná o hace brotar agua fresca de una roca. Estamos contentos porque pagamos nuestras facturas, tenemos gasolina para nuestros automóviles, y de vez en cuando podemos tener unas vacaciones en un hotel intermedio. Así es la vida en el desierto. Pero Dios no está hablando de una tierra en la que tengamos que sobrevivir, sino una tierra en la que fluye, y rebosa, leche y miel, una tierra en la que no nos falta de nada. Para salir del desierto, vamos a tener que cambiar nuestra manera de pensar.

Al poco tiempo de recibir la salvación, nos enseñaron a Tiz y a mí que si realmente amábamos a Dios, no debíamos desear vivir bien en esta vida, que lo único que importaba era ir al cielo. En esta tierra, tan sólo somos viajeros que van pasando;

por tanto, no deberíamos apegarnos a las cosas de este mundo. Si deseabas conducir un bonito automóvil, si querías vivir en una buena casa, eras considerado un "residente de la ciudad" y no un "edificador del reino". Las preocupaciones mundanas eran consideradas cosas vanas que sólo conseguían que malgastásemos el dinero de Dios, dinero que sólo se debía gastar en el reino de Dios.

Tardé quince años en darme cuenta de que eso era doctrina de hombres, ¡y no doctrina de Dios!

Volvamos a leer el pasaje sobre el diezmo de Malaquías:

> *Volveos a mí, y yo me volveré a vosotros, ha dicho Jehová de los ejércitos. Mas dijisteis: ¿En qué hemos de volvernos? ¿Robará el hombre a Dios? Pues vosotros me habéis robado. Y dijisteis: ¿En qué te hemos robado? En vuestros diezmos y ofrendas.*
>
> (Malaquías 3:7–8)

Tiz y yo nunca hemos dejado de dar el diezmo, y no sólo diezmamos, ya que casi siempre hemos dado un mínimo de un 20 por ciento. Siempre hemos sabido dar, pero no siempre hemos sabido recibir. Nos costó mucho llegar a entender totalmente la siguiente parte de Malaquías, que dice:

> *Traed todos los diezmos al alfolí y haya alimento en mi casa; y probadme ahora en esto, dice Jehová de los ejércitos, si no os abriré las ventanas de los cielos, y derramaré sobre vosotros bendición hasta que sobreabunde... Y todas las naciones os dirán bienaventurados.* (versículos 10, 12)

Insistir en que el mundo cristiano debería abrazar la pobreza es una falsa enseñanza y parte de la maldición. Nosotros tuvimos que dejar ese tipo de pensamiento. La Biblia no menciona en ningún lugar que Dios quiere que sea usted pobre, más bien mi Biblia dice: *"Amado, yo deseo que tú seas prosperado en todas las cosas, y que tengas salud, así como prospera tu alma"* (3 Juan 1:2). Básicamente, Dios dice: "A medida que crece tu conocimiento, no solamente voy a traer sanidad tu vida ¡sino también una increíble prosperidad!".

Cuando estamos en un estado continuo de lucha económica y no podemos pagar nuestras facturas, no estamos siendo buenos testigos ante el mundo de quién es nuestro Dios. ¡Nuestro Dios no es pobre! Mi Biblia dice: *"Dad, y se os dará; medida buena, apretada, remecida y rebosando darán en vuestro regazo"* (Lucas 6:38). Entonces, el mundo entero le dirá bienaventurado. Usted puede pagar sus facturas cuando Dios prospera su empresa y tiene dinero en el banco. Eso es ser un buen testigo del Señor.

Las personas que sufren y tienen problemas, las personas que no tienen esperanza, ¡deberían mirar nuestras vidas y ver las bendiciones de nuestro Dios! Deberían ver la manifestación tangible de la bondad de Dios en nuestras vidas. Debería haber una evidencia de las bendiciones de Dios que atraiga al mundo hacia Él. Viendo nuestras vidas, los demás deberían preguntarse: "¿Ya has pagado tu auto?"; "¿Cómo has podido pagar ya toda tu hipoteca?"; "¿Cómo haces para pagar tus facturas?".

Deberían ver la manifestación tangible de la bondad de Dios en nuestras vidas. Debería haber una evidencia de las bendiciones de Dios que atraiga al mundo hacia Él.

Nuestra respuesta debería ser: "¡Porque soy cristiano! ¡Mi Dios es un buen Dios! ¡Mi Dios me da, no me quita! Tengo un pacto con mi Dios. Yo le sirvo, ¡y Él me bendice abundantemente en cada área de mi vida!". Dios quiere que su vida sea un testimonio de vida que atraiga el mundo hacia Él.

Piense en la estrategia del enemigo: una enseñanza que insiste en que los cristianos deben ser pobres. Cuando intentamos decirle al mundo que tenemos lo que ellos necesitan, ellos ven nuestra situación y dicen: "¡No, gracias! ¡No queremos lo que ustedes tienen! ¡Ya hay mucha pobreza en el mundo!".

"Y todas las naciones os dirán bienaventurados". ¡Nos dirán bienaventurados porque verán todas las bendiciones de Dios en nuestras vidas! Es cierto que ser pobre no es pecado, pero algo pasa si nosotros queremos seguir siendo pobres. Todos tenemos que comenzar en algún lugar; la vida es un viaje continuo, y como proclama el himno: "De gloria en gloria, Él me está cambiando". Pero antes de poder avanzar para recibir las bendiciones de Dios, tenemos que romper la maldición de la pobreza.

Tenemos que renovar nuestra mente, cambiar nuestras percepciones, despojarnos de esas antiguas enseñanzas religiosas de pobreza y aprender lo que Dios dice sobre las finanzas. La pobreza es parte de la maldición, una maldición con una causa.

La maldición de la pobreza

Hay cuatro posibles razones por las que las maldiciones puede llegar a su vida: primero, por algo que usted ha hecho; segundo, por algo que ha heredado o que llevó a su casa inconscientemente; tercero, por algo que alguien le ha hecho; y cuarto, y la razón más común, porque la iglesia en general no está viviendo en las bendiciones de Dios. La mayoría del mundo cristiano abraza la maldición de la pobreza. Nos han enseñado que la pobreza y el cristianismo van de la mano, y esta es una falsa enseñanza y una maldición.

La Biblia dice que nuestras tradiciones religiosas pueden anular la Palabra de Dios en nuestras vidas.

> *Invalidando la palabra de Dios con vuestra tradición que habéis transmitido. Y muchas cosas hacéis semejantes a estas.* (Marcos 7:13)

En nuestro caso, hay un versículo que se ha malentendido, lo cual ha liberado una maldición de pobreza en la iglesia y un techo de contención sobre las vidas de los creyentes. *"Porque ya conocéis la gracia de nuestro Señor Jesucristo, que por amor a vosotros se hizo pobre, siendo rico, para que vosotros con su pobreza fueseis enriquecidos"* (2 Corintios 8:9).

Por supuesto, todos queremos ser como Jesús, pero muchos creen que si Jesús fue pobre, entonces nosotros también deberíamos ser pobres. Nos han enseñado a imaginar a un pobre bebé Jesús, envuelto en harapos, nacido en un pesebre. Nos han enseñado que Jesús vivió toda su vida en pobreza y con carencias. Nos imaginamos a Jesús como un vagabundo sin techo con una túnica desgastada, mendigando comida.

¿Qué quiere decir la Biblia cuando dice que Jesús *"se hizo pobre"*? Por treinta y cinco años he escuchado a gente decir: "Oh no, Pastor Larry. Dios no quiere que seamos ricos económicamente hablando. Quiere que seamos ricos espiritualmente. Este versículo no asocia ser rico con el dinero". ¿Realmente? El Hijo de Dios, el Rey de Reyes, el Señor de Señores, ¿se hizo espiritualmente pobre para que pudiéramos ser espiritualmente ricos? No es eso lo que significa. El apóstol Pablo estaba hablando de dinero. Se estaba refiriendo a las riquezas. Cuando la Biblia dice que Jesús *"se hizo pobre"*, no quiere decir que se hizo un mendigo. Significa que Jesús se hizo pobre en la tierra, perdiendo el derecho a las riquezas que tenía en el cielo. Sí, debemos ser espiritualmente ricos, pero también debemos ser económicamente ricos.

Permítame mostrarle un retrato del cielo. En Apocalipsis 21, dice: *"El que hablaba conmigo tenía una caña de medir, de oro, para medir la ciudad, sus puertas y su muro"* (versículo 15). El versículo habla de una caña de medir de oro macizo. Nosotros pensamos que somos especiales si tenemos un bolígrafo chapado en oro. ¡Ese tipo tenían una caña de medir de oro macizo! Pero hay más.

> *El material de su muro era de jaspe; pero la ciudad era de oro puro, semejante al vidrio limpio; y los cimientos del muro de la ciudad estaban adornados con toda piedra preciosa. El primer cimiento era*

jaspe; el segundo, zafiro; el tercero, ágata; el cuarto, esmeralda; el quinto, ónice; el sexto, cornalina; el séptimo, crisólito; el octavo, berilo; el noveno, topacio; el décimo, crisopraso; el undécimo, jacinto; el duodécimo, amatista. Las doce puertas eran doce perlas; cada una de las puertas era una perla. Y la calle de la ciudad era de oro puro, transparente como vidrio.
(Apocalipsis 21:18–21)

Dios tiene doce puertas hechas de perlas. ¡Nuestro Dios no es un Dios pobre! ¡Tiene que sacarse esa mentalidad de pobreza de su mente! Tienes que sacar esa maldición religiosa de su mente. Nuestro Dios no es un Dios pobre, lleno de pobreza. ¡No hay nada que asocie a Dios o al cielo con la pobreza!

Nuestro Dios no es un Dios pobre, lleno de pobreza. ¡No hay nada que asocie a Dios o al cielo con la pobreza!

Yo crecí con enseñanzas y mentalidad de pobreza. Cuando. Tiz y yo nos casamos, vivíamos en una caravana que tenía algo más de dos metros de anchura por diez de longitud Nos enseñaron una doctrina de pobreza y sacrificio. Durante años, vivimos o bien en una caravana móvil o en un pequeño apartamento. En ese momento de nuestras vidas éramos felices viviendo así. Nos enseñaron y creímos que eso era nuestro *"culto racional"* (Romanos 12:1), y que las cosas de este mundo no importaban.

Con el paso de los años, Tiz y yo comenzamos a cuestionarnos si esta doctrina venía de Dios o de las enseñanzas religiosas del hombre. Comenzamos a escudriñar la Palabra de Dios por nosotros mismos, y Él comenzó a abrir nuestros ojos a todo lo que pretendía para sus hijos. Nos llevó a Deuteronomio 28, donde por primera vez en nuestras vidas cristianas, vimos el pacto de bendición que Él prometía a su pueblo. Nos dimos cuenta de que Dios siempre había querido que su pueblo tuviera dominio, autoridad e influencia en el mundo. Como pueblo de

Dios, supuestamente debemos tener la riqueza del mundo en nuestras manos y establecer el dominio de Dios en la tierra. La Biblia también nos dice que nuestro Padre *"se deleita en el bienestar de su siervo"* (Salmos 35:27, NVI).

A medida que fue aumentando nuestro pensamiento espiritual, también lo hicieron nuestros mundos físico y económico. ¡Comenzamos a experimentar las bendiciones de Dios! ¡Fuimos bendecidos para poder bendecir a otros! (Véase Génesis 12:2). Como vimos en el primer capítulo, el pacto de Dios en Deuteronomio 28:2 nos dice que *"vendrán sobre ti todas estas bendiciones, y te alcanzarán, si oyeres la voz de Jehová tu Dios"*. Él nos pondrá *"por cabeza, y no por cola"* (versículo 13). Él derramará sus recursos y su abundancia sobre nosotros. ¡Él bendecirá nuestras familias, nuestra salud y nuestras finanzas!

Desde que Tiz y yo aprendimos estas cosas, nuestras vidas nunca han vuelto a ser las mismas. Y lo que el Señor ha hecho por nosotros, ¡estamos comprometidos a ver que lo haga también por usted!

Tenemos que romper la maldición de la pobreza en nuestra mente y en nuestra vida. Me acuerdo de la primera vez que oí a un predicador hablar sobre la prosperidad bíblica. Se refería a cuando el profeta Isaías vio *"al Señor sentado sobre un trono alto y sublime, y sus faldas llenaban el templo"* (Isaías 6:1). Me acuerdo de ese predicador diciendo: "¡Nuestro Dios se viste elegantemente!".

Dios es tan rico que pavimenta las calles del cielo con oro. Nuestro Dios tiene abundantes riquezas, y la buena voluntad de nuestro Padre es darnos el reino. De hecho, Jesús nos dijo: *"Cuando oréis, decid: Padre nuestro que estás en los cielos, santificado sea tu nombre. Venga tu reino. Hágase tu voluntad, como en el cielo, así también en la tierra"* (Lucas 11:2).

Cuando la Biblia dice que Jesús *"se hizo pobre"*, lo hace sólo en comparación con todo lo que tenía en el cielo, donde las calles están hechas de oro. Usted oye que la mitad del mundo pasa hambre porque no hay suficientes recursos. El problema no son los recursos inadecuados, sino las grandes cantidades de riqueza que hay en el mundo que algunas personas han "almacenado". Como muchos cristianos están contentos con el salario mínimo y trabajando para otra persona, nos hemos acostumbrado a "sobrevivir". Tenemos que romper esa maldición religiosa y entender que Jesús se hizo pobre para que nosotros pudiéramos ser ricos. De hecho, si yo tuviera toda la riqueza del mundo, sería un hombre pobre comparado con la riqueza que Jesús tenía en el cielo. Jesús se hizo pobre comparativamente para que usted y yo pudiéramos ser ricos, pero primero, tenemos que deshacernos de esa mentalidad de pobreza, tenemos que deshacernos de esa maldición religiosa que dice que es malo o que no es espiritual querer ser bendecido. Todo lo contrario: el deseo de ser bendecido *es* espiritual.

La economía de Dios

Tras la muerte de Juan el Bautista, Jesús se retiró a un lugar desierto, y se encontró con una gran multitud que le había seguido. Jesús se volvió a sus discípulos y dijo: *"Dadles vosotros de comer"* (Lucas 9:13). La mayoría de los cristianos no ven la importancia de la respuesta de los discípulos: *"No tenemos más que cinco panes y dos pescados, a no ser que vayamos nosotros a comprar alimentos para toda esta multitud"* (versículo 13). *Tenían* dinero para comprar comida para la multitud. Jesús les estaba diciendo a sus discípulos que compraran comida para que todos comieran. La Biblia dice que *"eran como cinco mil hombres"* (versículo 14). Incluyendo las mujeres y los niños, podría haber alrededor de ocho mil personas hambrientas allí aquel día. Alimentar a una multitud así con el dinero de hoy día, a siete dólares por persona, hubiera sido una suma total de unos ciento veintiséis mil dólares, sin incluir la propina, y aún así, *"comieron todos, y se saciaron; y recogieron lo que les sobró, doce cestas de pedazos"* (versículo 17).

Jesús vino con buenas nuevas para los pobres: Dios no quiere que sus hijos vivan en pobreza.

Puede sonar espiritual predicar sobre la pobreza, pero Jesús vino con buenas nuevas para los pobres: Dios no quiere que sus hijos vivan en pobreza. En la cultura hebrea, uno de los mayores insultos para un padre es que su hijo o su hija le rechacen un regalo. Por ejemplo, imagínese si le compro a uno de mis hijos un auto, y me dice: "No, Papá, no puedo aceptarlo". En primer lugar, probablemente esta sea una pésima ilustración, ¡porque sería imposible que alguno de mis hijos hiciera eso! Pero imagínese a Dios diciendo: "Quiero abrir las ventanas del reino de los cielos y derramar bendiciones sobre sus vidas para que paguen todas sus facturas, su casa, y su auto; de hecho, podrán pagarlo todo. Tendrán tanto que será más que suficiente para ayudar a otros y además financiar mi obra en la tierra. ¡Tendrán tanto que les costará pensar cómo gastarlo!". Ahora, imagínese que, como respuesta a eso, le decimos a Dios: "No, gracias. Estamos bien". ¿En qué medida decepcionaría eso a Dios?

Yo entiendo la pobreza. Entiendo el hecho de apenas poder sobrevivir, pero nuestro Dios no se llama "el que sobrevive". Él es *El-Shaddai*, nuestro Dios poderoso del más que suficiente. Si no tenemos ese entendimiento firmemente arraigado en nuestra mente, el Padre traerá una bendición o una oportunidad a nuestro encuentro, quizá un negocio o una propuesta de trabajo, y nosotros pensaremos: *No sé si Dios quiere que tenga eso.* Cuando pensamos así, suprimimos el poder de Dios Padre.

Piense en la historia del hijo pródigo (véase Lucas 15:11–32). Esta es la historia del hijo de un padre rico que se rebeló y malgastó todo lo que tenía antes de entrar en razón y darse cuenta de que incluso los sirvientes de su padre estaban mejor que él. Si fuera por la religión, esta historia terminaría con el hijo regresando a su padre, quien, al oír de su regreso, no querría verle, dejándole morirse de hambre en el desierto por un período de tiempo para pagar por todo lo que había hecho. Pero no es eso lo que hizo el padre. El padre le ve llegar y corre a su encuentro. Le pone un anillo en su dedo y una túnica sobre sus hombros. Después, ordena matar al mejor cordero. Se alegra tanto del regreso de su hijo que le da todo lo bueno: la mejor comida, el anillo de autoridad y la túnica de realeza.

Pero la historia no termina aquí, porque hay otro hijo. Cuando él escucha el ruido de la algarabía en la casa de su padre, le pregunta a un siervo por lo que sucede. Es extraño para él ver la casa de su padre llena de gozo; algo debe de andar mal. Cuando ve a su padre adulando al hijo perdido, protesta: "Pero, Padre, ¿no sabes todo lo que ha hecho? ¡No se merece todas estas bendiciones!". La bondad del padre debió de haber sido un concepto extraño para el hijo mayor. Aunque él lo había hecho todo bien, no había tenido la bendición.

Yo no sé usted, pero yo no quiero que Dios me dé lo que me merezco. Quiero que Dios me dé todo aquello que Jesucristo pagó por completo con su sangre. ¿Y qué le dijo el padre al otro hijo? Le dijo: *"Hijo, tú siempre estás conmigo, y todas mis cosas son tuyas"* (Lucas 15:31). Piense en esto: *"Todas mis cosas son tuyas"*.

Lo que a Dios le ha placido

La única razón por la que Dios quiere bendecirle es porque le ama. Su parte del trato es simplemente seguir sirviéndole. Usted tiene el llamado a cambiar el mundo; tiene que dar sus diezmos y ofrendas, y si puede hacer eso, Dios quiere que sea bendecido; no algún día, sino ahora.

Tiz y yo habíamos querido durante mucho tiempo que nuestra hija Anna y su esposo Brandin tuvieran un bebé. Cuando finalmente nacieron sus gemelos Asher y Judah, les compramos camiones y conjuntos de béisbol y todo tipo de juguetes incluso antes de que pudieran usarlos. Anna se acercó a mí y me dijo: "Papá, no compres todas estas cosas. Los niños son

Dios quiere hacer más que simplemente suplir sus necesidades; también quiere hacerle feliz.

muy pequeños aún, ni siquiera pueden usar estos juguetes". ¿Sabe por qué nosotros, como abuelos, lo hicimos? Porque nos hacía sentirnos bien.

Dios quiere hacer más que simplemente suplir sus necesidades; también quiere hacerle feliz. *"Porque a vuestro Padre le ha placido daros el reino"* (Lucas 12:32). Otros dirán: "¡Oh, no! Hay que sufrir, pagar el precio y no esperar nada". Mientras tanto, Dios está intentando bendecirnos, si tan sólo estamos dispuestos a recibir.

Permítame hablarle de una pareja que sigue nuestro ministerio viendo los servicios que tenemos por Internet. Durante dos años, esta pareja había sido nuestra colaboradora, ¡aunque nunca habían estado físicamente en una de esas reuniones! Habían sido cristianos por treinta y cinco años, y aunque amaban al Señor, continuamente luchaban con la depresión y la pobreza. Piense en ello: un hijo de Dios, salvo y de camino al cielo, y a la vez atormentado por la depresión. El año pasado, finalmente decidieron acudir en persona a uno de nuestros "Fines de semana de Libertad", un tiempo para celebrar el haber sido liberados de las maldiciones que nos atan. Recientemente, me escribieron para compartir que el año pasado había sido como un "intercambio divino". Llenos de esperanza y de paz después de aprender sobre las raíces judías de nuestra fe cristiana, habían recibido bendición tras bendición. Sus recursos económicos aumentaron, su empresa había crecido, habían podido pagar sus deudas y ya no tenían problemas con la depresión. ¡Intercambiaron el temor y la duda que habían controlado sus vidas por el gozo, las bendiciones y la paz de Dios!

Esta pareja experimentó un gran cambio en su espíritu y su manera de pensar. Recuerdo cuando yo tuve que hacer un cambio similar. Mientras aún estábamos en Portland, un empresario se acercó a mí cuando terminé de predicar y me dijo: "Pastor Larry, ¿podemos verle mi esposa y yo?". Yo dije: "Sí, por supuesto". Cuando llegamos a mi oficina, el hombre dijo: "Vinimos a la iglesia hace un par de meses, y desde entonces, Dios ha cambiado nuestras vidas, ha salvado nuestro matrimonio y ha bendecido nuestra empresa. Solamente queríamos expresarle nuestro agradecimiento".

En el ministerio, a veces nos referimos a esto en tono de broma como un "apretón de manos santo". Alguien que estrecha su mano, y al hacerlo, le entrega un billete. Pero ese hombre metió su mano en el bolsillo, sacó un juego de llaves, y me las dio. No eran unas llaves cualquiera, porque venían en un llavero con el emblema de Mercedes-Benz. Le pregunté: "Hermano, ¿qué es esto?". Me dijo: "Bueno, Dios me dijo que le regalara el último modelo negro de Mercedes-Benz; el grande, el S500".

Me encantaría decirle que mi respuesta fue: "Gloria a Dios. Hermano, lo recibo. ¡Dios le bendiga!". Pero la verdad es que no lo acepté. No acepté el regalo de ese hombre porque lo único que podía pensar era: *¿Qué pensará la gente?* Por tanto, le dije que no.

Al día siguiente, estaba en una conferencia en Atlanta con varios líderes de iglesias muy conocidos, y en ese entonces, Tiz y yo éramos los "nuevos". Nos fuimos todos a comer, y mientras seguíamos hablando, mencioné que me habían ofrecido un auto. De repente, hubo respuestas de todo tipo en la mesa. "¡Caramba! ¡Esos autos son estupendos!"; "¡Tienen una conducción muy cómoda!"; "En esos autos te sientes muy seguro". Tuve que decirles que no había aceptado el auto por lo que otros pudieran pensar, y uno de ellos dijo: "Si fueran como deberían ser, pensarían: *Gloria a Dios, ¡yo voy a ser el siguiente!*

Me quedé sorprendido, y pregunté: "¿Quiere decir que está bien si acepto algo así?".

Me dijo: "Hermano, el mundo entero quiere llamarle bienaventurado. No rechace ese tipo de bendiciones".

Al domingo siguiente, le dije a la congregación que abrieran sus Biblias en Mateo 7:8: *"Porque todo aquel que pide, recibe; y el que busca, halla"*. Después, me giré al hombre que me había ofrecido el auto y le pregunté: "Hermano, ¿aún tienen la llave de ese auto? ¿Puede conseguirlo para un hermano?". Y Dios cambió mi vida.

Este año, Dios está listo para conseguirle sus bendiciones si usted está listo para recibirlas.

6

Poseer la Tierra Prometida

Probablemente haya oído el dicho popular: "El dinero no lo es todo". Todos tenemos, y aunque es verdad que el dinero no lo es *todo*, el dinero *es* algo muy importante en el mundo en que vivimos. También habrá oído el dicho "El dinero no compra la felicidad". De nuevo, aunque es cierto que el dinero, en sí mismo, no puede comprar la felicidad, la mayoría de la gente estará de acuerdo en que el dinero ayuda. Mi felicidad está con mi familia, mis amigos y mi relación con Dios. Me siento el hombre más bendecido de la tierra por mi esposa Tiz. Llevamos casados más de treinta años. Tenemos tres hijos preciosos y, por el momento, tres nietos, que son los amores de nuestras vidas. Mi hija mayor está casada con un gran hombre que también es el líder de alabanza en nuestra iglesia. Nuestro hijo tiene una bella esposa que se encarga de nuestro ministerio de niños. Todos gozamos de salud, y nos encanta pastorear a la gente maravillosa que tenemos aquí en Dallas. Nuestro programa de televisión se está expandiendo por todo el mundo. ¡La vida es maravillosa! ¿Pero sabe qué? Tener dinero extra al final de cada mes hace que nuestra vida sea mejor, y también hará que su vida sea mejor.

Mire lo que dice la Palabra de Dios en Eclesiastés: *"Por el placer se hace el banquete, y el vino alegra a los vivos; y el dinero sirve para todo"* (Eclesiastés 10:19). ¿Qué quiere decir Dios cuando nos dice *"el dinero sirve para todo"*? Es sencillo. Con el dinero compra su casa, con el dinero compra su comida, con el dinero apoya a la iglesia, los programas de televisión y las misiones, y con el dinero también se puede ir de vacaciones, comprar regalos de cumpleaños, comprar ropa nueva y conducir automóviles nuevos. El dinero nos da la libertad no sólo de ser bendecidos sino también de ser una bendición para otros. *"El dinero sirve para todo"* lo que Dios pone que hagamos en nuestro corazón. Aunque estamos de acuerdo en que el dinero no lo es todo, tampoco subestimemos el poder del dinero. Recuerdo las palabras del personaje de Tevye en el musical *El violinista sobre el tejado*. Está a punto de cantar la canción: "Si yo fuera rico", cuando dice: "No es una vergüenza ser pobre, pero tampoco es un gran honor".

Dios quiere poner dinero en sus manos. Quizá se pregunte: *Pastor Larry, ¿cómo lo sabe?* Está en la Palabra de Dios. La Biblia nos dice que, en los últimos tiempos, habrá una gran transferencia de riquezas.

> *El hombre de bien deja herencia a sus nietos; las riquezas del pecador se quedan para los justos.*
> (Proverbios 13:22, NVI)

> *Tus puertas estarán siempre abiertas, ni de día ni de noche se cerrarán; a ti serán traídas las riquezas de las naciones.* (Isaías 60:11, NVI)

> *Se alimentarán de las riquezas de las naciones, y se jactarán de los tesoros de ellas.* (Isaías 61:6, NVI)

> *Hacia ella extenderé la paz como un torrente, y la riqueza de las naciones como río desbordado.*
> (Isaías 66:12, NVI)

La Biblia nos advierte que estemos atentos a las estrategias del diablo. El truco que ha usado sobre la iglesia durante siglos es decirnos que para ser realmente espirituales, tenemos que ser pobres. Sabiendo lo que la Palabra de Dios dice sobre el dinero, podemos destruir los argumentos de Satanás y romper la maldición de la pobreza por la sangre de Jesús y la corona de espinos; pero el enemigo tiene otra estrategia, una que usa más frecuentemente que la anterior. Se llama el "espíritu de contención".

El espíritu de contención

Quiero que piense en cuatro cosas: Israel, Egipto, el desierto y la Tierra Prometida. Cuando la Palabra de Dios nos habla de Egipto, no es solamente una lección de historia sobre el pueblo de Dios llegando a casa; es también una ilustración de las promesas de Dios para todos nosotros. Israel le representa a usted. Egipto representa el mundo antes de que usted conociera al Señor. En Egipto (el mundo) éramos esclavos bajo unos rudos capataces. Como esclavos, los israelitas tenían una dieta básica a base de cebollas, ajo y pan, y de vez en cuando, un poco de carne o pescado (véase Números 11:5). Como esclavo, era lo bastante para subsistir.

Cuando el pueblo de Dios salió de Egipto, su viaje les llevó al desierto. Ya no dependían más de que el mundo (los egipcios) les diera sus pequeñas raciones. Ahora, dependían de Dios, *Jehová-Yiré*, como su Proveedor.

> *Y Jehová dijo a Moisés: He aquí yo os haré llover pan del cielo.* (Éxodo 16:4)

> *Y cuando el rocío cesó de descender, he aquí sobre la faz del desierto una cosa menuda, redonda, menuda como una escarcha sobre la tierra. Y viéndolo los hijos de Israel, se dijeron unos a otros: ¿Qué es esto? porque no sabían qué era. Entonces Moisés les dijo: Es el pan que Jehová os da para comer.* (versículos 14–15)

¡Qué suceso tan asombroso! Dios le estaba demostrando a su pueblo que Él era su proveedor. En Egipto, eran esclavos y recibían las sobras. Ahora, cada día, Dios les estaba dando suficiente para que tuvieran hasta el día siguiente. Aunque era algo maravilloso, suplir las necesidades diarias de su pueblo no era el objetivo final de Dios, ni para Israel en su tiempo ni para usted en la actualidad. Egipto era "la tierra de no suficiente". El desierto era "la tierra de lo suficiente", pero Dios tenía una Tierra Prometida, "la tierra del más que suficiente", una tierra donde fluía leche y miel.

> *(A la tierra que fluye leche y miel); pero yo no subiré en medio de ti, porque eres pueblo de dura cerviz, no sea que te consuma en el camino.* (Éxodo 33:3)

> *Dijo luego Jehová: Bien he visto la aflicción de mi pueblo que está en Egipto, y he oído su clamor a causa de sus exactores; pues he conocido sus angustias, y he descendido para librarlos de mano de los egipcios, y sacarlos de aquella tierra a una tierra buena y ancha, a tierra que fluye leche y miel, a los lugares del cananeo, del heteo, del amorreo, del ferezeo, del heveo y del jebuseo.* (Éxodo 3:7–8)

> *Porque Jehová tu Dios te introduce en la buena tierra, tierra de arroyos, de aguas, de fuentes y de manantiales, que brotan en vegas y montes; tierra de trigo y cebada, de vides, higueras y granados; tierra de olivos, de aceite y de miel; tierra en la cual no comerás el pan con escasez, ni te faltará nada en ella; tierra cuyas piedras son hierro, y de cuyos montes sacarás cobre. Y comerás y te saciarás, y bendecirás a Jehová tu Dios por la buena tierra que te habrá dado.*
> (Deuteronomio 8:7–10)

Dios nos está enseñando que *Él* es nuestro proveedor, no el mundo. Nos está enseñando que, por muy difícil o imposible que parezca, *Él* es el mismo ayer, hoy y mañana (véase Hebreos 13:8), *Él* sacará agua de la roca (véase Éxodo 17:6), y *Él* hará descender nuestra comida diaria del cielo (véase Éxodo 16:4). Pero no debemos detenernos. Si usted está atravesando un lugar desierto, con énfasis en *atravesando*, Dios hará un milagro. Su plan nunca fue que su pueblo se quedara en el desierto. Tenían que atravesar el desierto de camino, en *su* camino, a la Tierra Prometida.

Dios nos está llevando a través del desierto hacia la Tierra Prometida. Nos está llevando de "la tierra de no suficiente".

Vuelva a leer la descripción de esa tierra: una tierra donde *fluía* leche y miel; una tierra de arroyos, fuentes y manantiales que *fluían* de los valles y de las colinas. Qué contraste con el desierto. Yo he estado en ese desierto muchas veces. No hay agua, no crece nada. Dios quiere que sepamos que Él puede hacer que una roca produzca agua cuando necesitemos un milagro, pero no quiere que dependamos de un milagro para que subsistamos un día más o un mes más. No, Él quiere que vivamos en una tierra donde sus bendiciones fluyen constantemente; una tierra de trigo y cebada, de viñas e higueras, una tierra en la que no nos faltará de nada. Hemos salido de Egipto, y ahora Dios nos está llevando a través del desierto hacia la Tierra Prometida. Nos está llevando de "la tierra de no suficiente", a través de "la tierra de lo suficiente", hacia "la tierra del más que suficiente", una tierra donde fluyen todas las promesas de Dios.

Recientemente escuché una enseñanza rabínica en la que alguien le preguntaba a Dios. "Señor, ¿por qué no recibo contestación a mis oraciones?". El Señor respondió: "Porque pediste demasiado poco". Entonces el rabino puso la siguiente ilustración: estamos orando por un milagro de un kilo, pero Dios tiene un milagro de cien kilos que quiere darnos. En otras palabras, la respuesta de Dios es demasiado grande como para encajar en nuestras pequeñas oraciones. ¡Tenemos que pensar más a lo grande!

> *...no suceda que comas y te sacies, y edifiques buenas casas en que habites....* (Deuteronomio 8:12)

Observe que la Palabra de Dios dice *"casas"*: más de una casa. ¿Por qué es importante? Encontramos una respuesta en Deuteronomio 28:12, donde Dios nos dice que sus hijos serán los que presten, y no los que pidan prestado. Dios quiere que usted tenga su propia casa, así como más casas, edificios y propiedades, para que otras personas le paguen a usted un alquiler. ¡Piense a lo grande!

> *Te abrirá Jehová su buen tesoro, el cielo, para enviar la lluvia a tu tierra en su tiempo, y para bendecir toda obra de tus manos. Y prestarás a muchas naciones, y tú no pedirás prestado. Te pondrá Jehová por cabeza, y no por cola; y estarás encima solamente, y no estarás debajo, si obedecieres los mandamientos de Jehová tu Dios, que yo te ordeno hoy, para que los guardes y cumplas.* (Deuteronomio 28:12–13)

¿Qué significa esto para usted? Tengo un dicho que enseño dondequiera que voy: "Alguien va a ser bendecido; también podría ser yo. En su lugar de trabajo, alguien va a recibir un aumento de sueldo o un ascenso; también podría ser usted". Tiz y yo lo oímos continuamente. Nuestros congregantes dicen: "Pastor, echaron a un buen grupo de gente del trabajo, pero mi jefe me llamó a su oficina, y en lugar de despedirme, me aumentó el suelo". Piense en lo que dice la Palabra de Dios sobre usted: usted debe ser *"cabeza, y no por cola"*. Debe estar *"encima solamente, y no estarás debajo"*. ¿Se fijó en la palabra *"solamente"*? No más valles ni más desiertos. La Palabra de Dios para usted es *"encima solamente, y no estarás debajo"*. Piense a lo grande. ¿Puedo adentrarle un paso más en la Tierra Prometida que Dios le ha dado?

> *Y te hará Jehová sobreabundar en bienes, en el fruto de tu vientre, en el fruto de tu bestia, y en el fruto de tu tierra, en el país que Jehová juró a tus padres que te había de dar.* (versículo 11)

> *...y tus vacas y tus ovejas se aumenten, y la plata y el oro se te multipliquen, y todo lo que tuvieres se aumente....* (Deuteronomio 8:13)

Mientras escribo estas palabras, siento un espíritu de profecía sobre mí, que se está transmitiendo a usted. Cuando Dios dice que *"y tus vacas y tus ovejas se aumenten"*, está hablando sobre su empresa. Una buena forma de comenzar es diciendo: "Señor, necesito un trabajo". Después, comience a pensar a lo grande: "Señor, necesito un aumento de sueldo". Luego, piense más a lo grande: "Señor, quiero ser el jefe". Ahora, estamos entrando en la Tierra Prometida. Piense todavía más a lo grande: "Señor, quiero tener mi propia empresa".

Quizá piense: *Pastor Larry, ¿realmente Dios puede hacer eso por mí?* Vuelva a leer Deuteronomio 8:13. Dios dijo que *sus* vacas y *sus* ovejas aumentarán, no las de otra persona, sino las *suyas*. Mire las siguientes palabras: *"Y la plata y el oro se* ***te*** *multipliquen"*. ¡Vaya! Ahora estamos hablando de una Tierra Prometida en la que fluyen las cosas como Dios dijo que lo harían en estos últimos tiempos.

Permítame mostrarle algo que le ayudará a pensar más a lo grande. Los expertos financieros dicen que más del 80 por ciento de los millonarios de América son *nuevos* millonarios, lo cual quiere decir que consiguieron el dinero por ellos mismos, que no lo heredaron. Romanos 2:11 nos recuerda: *"Porque no hay acepción de personas para con Dios"*. Por tanto, si *ellos* pueden hacerlo, *usted* puede hacerlo. No importa si es joven o mayor, hombre o mujer, blanco, negro, mulato o cualquier otra cosa. La Palabra de Dios es la voluntad de Dios para su vida.

Permítame dar una palabra profética para todos ustedes que ya tienen su propia empresa. Verán las bendiciones de Dios multiplicadas sobre su vida. Lea Deuteronomio 28 una vez más:

> *Jehová te enviará su bendición sobre tus graneros, y sobre todo aquello en que pusieres tu mano; y te bendecirá en la tierra que Jehová tu Dios te da... Y*

> *te hará Jehová sobreabundar en bienes, en el fruto de tu vientre, en el fruto de tu bestia, y en el fruto de tu tierra, en el país que Jehová juró a tus padres que te había de dar. Te abrirá Jehová su buen tesoro, el cielo, para enviar la lluvia a tu tierra en su tiempo, y para bendecir toda obra de tus manos. Y prestarás a muchas naciones, y tú no pedirás prestado.*
>
> (Deuteronomio 28:8, 11–12)

Dios bendecirá todo aquello en que ponga su mano. Le hará *"sobreabundar en bienes"*. Estas palabras nunca han sido más ciertas. Ahora es el mejor tiempo en la historia para que Dios ponga la riqueza de Egipto, la riqueza del mundo, en sus manos. Está ocurriendo ahora mismo, en todo el mundo. El pueblo de Dios está experimentando unas bendiciones increíbles. ¡Ahora le toca a usted!

Lea Deuteronomio 8:18: *"Sino acuérdate de Jehová tu Dios, porque él te da el poder para hacer las riquezas"*. Esta es una de las mayores enseñanzas de la Palabra de Dios. Dios dice: "Te doy *poder* para ir ahí afuera y hacer riquezas: para entrar en la Tierra Prometida, en la que fluye leche y miel. Está ahí. ¡Ve por ella! Y cuando lo hagas, te daré el poder del cielo para hacerlo. Quizá tengas que matar unos cuantos 'gigantes', pero te daré poder para hacer eso también".

> *Porque Jehová tu Dios te introduce en la buena tierra, tierra de arroyos, de aguas, de fuentes y de manantiales, que brotan en vegas y montes; tierra de trigo y cebada, de vides, higueras y granados; tierra de olivos, de aceite y de miel; tierra en la cual no comerás el pan con escasez, ni te faltará nada en ella; tierra cuyas piedras son hierro, y de cuyos montes sacarás cobre.* (versículos 7–9)

Esta es la promesa de Dios para usted. Es una tierra donde todo *fluye*, donde no hay escasez. Es una tierra en la que no le faltará nada. No es una tierra de tan solo "suficiente" o una tierra para "suplir sólo sus necesidades básicas". No, una Tierra Prometida es donde usted y su familia no tendrán carencia de nada. Es una tierra de abundancia, una tierra donde no sólo tendrá un techo sobre su cabeza sino un lugar donde tendrá unas *hermosas* casas. ¡Y usted será el propietario de todas!

Una Tierra Prometida es donde usted y su familia no tendrán carencia de nada. Es una tierra de abundancia, una tierra donde no sólo tendrá un techo sobre su cabeza sino un lugar donde tendrá unas *hermosas* casas.

Luego, Dios dice: *"Y tus vacas y tus ovejas se aumenten, y la plata y el oro se te multipliquen, y todo lo que tuvieres se aumente…"* (Deuteronomio 8:13). Él multiplicará todo lo que usted tenga. ¡A qué Dios tan maravilloso servimos!

Pero tengo que mostrarle algo más para que esta enseñanza quede clara:

> *Y comerás y te saciarás, y bendecirás a Jehová tu Dios por la buena tierra que te habrá dado. Cuídate de no olvidarte de Jehová tu Dios, para cumplir sus mandamientos, sus decretos y sus estatutos que yo te ordeno hoy… y digas en tu corazón: Mi poder y la fuerza de mi mano me han traído esta riqueza.*
> (versículos 10–11, 17)

Permítame explicarle lo que significa esto. Primero, Dios no nos está diciendo que estas bendiciones sean malas o estén mal. Eso es imposible. Acuérdese que Dios es quien nos da el poder para generar riquezas. Lo que ocurre es que Dios nos está recordando aquí que todas nuestras bendiciones vienen de Él, y no debemos olvidarlo.

> *Sino acuérdate de Jehová tu Dios, porque él te da el poder para hacer las riquezas.* (versículo 18)

Segundo, ahora que ha sido bendecido, no deje de servir a Dios.

> *Guardarás, pues, los mandamientos de Jehová tu Dios, andando en sus caminos, y temiéndole.*
>
> (Deuteronomio 8:6)

Y versículo 11:

> *Cuídate de no olvidarte de Jehová tu Dios, para cumplir sus mandamientos, sus decretos y sus estatutos que yo te ordeno hoy.*

Llevo muchos años en el ministerio, y en todo este tiempo he visto a mucha gente dejar de servir al Señor debido a las batallas por las que han pasado; pero también he visto a gente que comenzó a servir al Señor con nada. Al obedecer y creer en la Palabra de Dios y sus promesas, las bendiciones comenzaron a fluir. Para la mayoría de la gente, esta bendición aumenta su servicio a Dios y a su reino, pero de vez en cuando, las bendiciones de Dios tienen el resultado opuesto. Es entonces cuando Él dice: "Te he sacado de Egipto, 'la tierra de no suficiente'; te he sacado del desierto, 'la tierra de lo suficiente'; pero ahora te estoy adentrando en la Tierra Prometida, 'la tierra del más que suficiente'". Piense en esto. La bendición y la abundancia de Dios serán tan grandes en su vida que antes Él tiene que advertirle. Va a ser tan bendecido que se verá tentado a olvidar que Dios fue quien le dio el poder para ganar todas esas riquezas.

Para terminar este capítulo, siento en mi espíritu que estoy con usted personalmente, dondequiera que esté, y el Señor me ha dicho: *Larry, los que están leyendo estas palabras no fallarán.* ¡Caramba! Dios dijo que *usted* no fallará. Me está pidiendo que le diga que Él va a bendecirle tanto que lo que logre a través de la unción de Él servirá como ayuda para que el Mesías regrese a Jerusalén. El mundo le dirá bienaventurado. La bendición y el favor de Dios que se están liberando en su vida en este instante serán un testimonio para su familia y amigos de la bondad de

Dios. Dios quiere que sepa esto: "Usted ha sido fiel en lo poco. Ahora, prepárese. Está saliendo del desierto, y hoy, *usted* está entrando en la tierra que *fluye* leche y miel". Mientras escribo esto, el Espíritu de Dios está fluyendo a través de mí, y le está diciendo a usted: "Bienvenido a la Tierra Prometida".

Disfrute de su viaje. Va a ser más emocionante de lo que pudiera imaginar. Él *"es poderoso para hacer todas las cosas mucho más abundantemente de lo que pedimos o entendemos"* (Efesios 3:20). Así que, ¡*piense a lo grande*!

7

La milagrosa bendición de la ofrenda de los primeros frutos

Una de las promesas más emocionantes que Dios nos da se encuentra en Malaquías, donde Dios dice que si nos volvemos a Él, Él abrirá las ventanas de los cielos y derramará sobre nosotros tal bendición que no tendremos espacio suficiente para abarcarla (véase Malaquías 3:10). ¿Cuántos de nosotros hemos orado: "Señor, abre las ventanas de los cielos sobre mí", pero parece que nunca ocurre en la plenitud que estamos buscando? Quizá recibimos una pequeña bendición aquí y otra allá, pero no el tipo de bendición de ventanas abiertas que leemos que Dios tiene para nosotros ¿Qué ocurre entonces? ¿Qué está manteniendo cerradas esas ventanas de prosperidad y abundancia de Dios? ¿Qué se necesita para despegar esas ventanas celestiales y hacer que se abran del todo?

Recuerde lo que el Señor nos dijo en Oseas 4:6: *"Mi pueblo fue destruido, porque le faltó conocimiento"*. Dios quiere mostrarle la verdad que hará libre tanto a usted como sus finanzas. El secreto para las ventanas de los cielos que se encuentra en Malaquías 3 está oculto al final del versículo 8, donde Dios dice: *"En vuestros diezmos y ofrendas"*.

En este momento, probablemente esté pensando: *Pastor Larry, ya he oído esto antes. Doy mi diezmo, y normalmente doy también una ofrenda, pero las ventanas de los cielos siguen sin abrirse.*

Tenga paciencia. Estoy a punto de revelar el secreto de la prosperidad de los últimos tiempos que Dios quiere traer, no sólo a la iglesia sino también a su vida. La verdad que está a punto de aprender finalmente le hará libre económicamente.

La mayoría de nosotros sabemos a qué se refiere Dios cuando habla del *diezmo*. Significa que el 10 por ciento de lo que ganamos le pertenece a Él. ¿Pero qué quiere decir Dios cuando dice: "No sólo me pertenece el diezmo, sino también la ofrenda"? Es un misterio bíblico que abrirá *"las ventanas de los cielos"*, y ocurre tres veces al año.

> *Y probadme ahora en esto, dice Jehová de los ejércitos, si no os abriré las ventanas de los cielos, y derramaré sobre vosotros bendición hasta que sobreabunde.*
>
> (Malaquías 3:10)

Uno de los mayores secretos que Dios está desvelando en estos últimos tiempos tiene que ver con las fiestas bíblicas que encontramos en el Antiguo Testamento. Hay muchas verdades ocultas que Dios quiere que sepamos, verdades que sólo se pueden entender leyendo y estudiando la Biblia con una mentalidad judía o hebrea. Dios está proveyendo las claves de la iglesia cristiana mientras revela sus planes a través de celebraciones como la Pascua, Pentecostés y Sucot, o la fiesta de los Tabernáculos.

> *Habló Jehová a Moisés, diciendo: Habla a los hijos de Israel y diles: Las fiestas solemnes de Jehová, las cuales proclamaréis como santas convocaciones, serán estas.* (Levítico 23:1–2)

La palabra hebrea traducida como *"fiestas"* significa "tiempos señalados". Dios le dijo a Moisés que le explicara al pueblo que esas fiestas del Señor eran tiempos señalados, citas especiales con Él para recibir revelación y experimentar bendición.

De hecho, Dios estaba diciendo: "Voy a reservar unas fechas específicas en mi calendario para que puedan reconectar conmigo y con mis planes para bendecirles espiritualmente, físicamente y económicamente".

Sé que muchos de ustedes creen que esas enseñanzas del Antiguo Testamento ya no son necesarias en el cristianismo actual. Pero recuerde que Jesús dijo: *"No penséis que he venido para abrogar la ley o los profetas; no he venido para abrogar, sino para cumplir"* (Mateo 5:17). En otras palabras, Jesús estaba diciendo: "Yo no vine para invalidar la Torá, o la ley, sino para mostrarles cómo vivirla, liberando así el poder y la bendición de Dios en sus vidas".

La Palabra de Dios, no pretende atarnos al legalismo sino ponernos en un camino que nos lleve a todas las bendiciones que Dios tiene para nosotros.

Es importante entender que no estamos hablando sobre legalismo. Estamos hablando acerca de la Torá como una revelación que nos conecta con las bendiciones de Dios. Jesús continuó: *"Porque de cierto os digo que hasta que pasen el cielo y la tierra, ni una jota ni una tilde pasará de la ley, hasta que todo se haya cumplido"* (versículo 18).

Cuando vemos la palabra *ley*, puede significar dos cosas. En griego, significa *legalismo*: lo que está y no está permitido en la religión, a lo cual debemos sujetarnos para poder ser "salvos" e ir al cielo. Pero en hebreo, la ley de Dios se refiere a un "camino" o "enseñanza". Nuestra guía, la Palabra de Dios, no pretende atarnos al legalismo sino ponernos en un camino que nos lleve a todas las bendiciones que Dios tiene para nosotros, así como mostrarnos cómo vivir bajo las ventanas abiertas el cielo.

Permítame darle un ejemplo. Si vive en los Estados Unidos, sabe que los americanos celebramos ciertas fiestas para honrar a nuestra nación y a su pueblo. El cuatro de julio, o día de la Independencia, celebramos la libertad de nuestro país. En noviembre celebramos el día de los Veteranos para honrar a los hombres y mujeres que combatieron en tiempos de guerra. ¿Celebrar el cuatro de julio o el día de los Veteranos hace que alguien sea americano? Claro que no. ¿Celebrar estas fiestas les enseña a nuestros hijos lo que significa apreciar la libertad y honrar a aquellos que hicieron que fuera posible? ¿Nos hace ser mejores americanos? Yo diría que sí. Esto es lo que las leyes de Dios, o los caminos y guías, hacen con nosotros.

Veamos algunas enseñanzas de la Palabra de Dios que, a primera vista, pueden parecer contradictorias.

Salvos por gracia...

> *Porque por gracia sois salvos por medio de la fe; y esto no de vosotros, pues es don de Dios; no por obras, para que nadie se gloríe.* (Efesios 2:8–9)

> *Ya que por las obras de la ley ningún ser humano será justificado delante de él; porque por medio de la ley es el conocimiento del pecado... Concluimos, pues, que el hombre es justificado por fe sin las obras de la ley.* (Romanos 3:20, 28)

Salvos por obras...

> *Vosotros veis, pues, que el hombre es justificado por las obras, y no solamente por la fe.* (Santiago 2:24)

> *Entonces vino uno y le dijo: Maestro bueno, ¿qué bien haré para tener la vida eterna? Él le dijo: ¿Por qué me llamas bueno? Ninguno hay bueno sino uno: Dios. Mas si quieres entrar en la vida, guarda los mandamientos.* (Mateo 19:16–17)

Permítame explicarle la diferencia entre estos versículos. Somos salvos por la gracia de Dios. Punto. ¡No somos salvos por ninguna otra cosa! Pero, una vez que somos salvos, la Palabra de Dios nos enseña cómo vivir nuestra vida aquí en la tierra, cómo caminar y actuar como hijos de Dios. También nos guía para experimentar todas las bendiciones que Dios tiene para nosotros.

Permítame hacerle otra pregunta. ¿Tiene que diezmar para ser cristiano? Sabemos que ciertamente Dios dice: "El diez por ciento es mío", ¿pero acaso obedecer la Palabra de Dios y dar el 10 por ciento nos hace cristianos? Espero que su respuesta sea: "¡Claro que no!". Pero planteemos otra pregunta: ¿Obedecer la Palabra de Dios dando el 10 por ciento nos hace *mejores* cristianos? La respuesta es sí. ¿Por qué? En primer lugar, porque Dios dice que lo hagamos, y debemos obedecerle. En segundo lugar, cuando damos de nuestra riqueza, la casa de Dios puede estar llena, y su iglesia puede permitirse difundir las noticias del amor de Él. En tercer lugar, es el primer paso para vivir bajo las ventanas abiertas del cielo.

Obedecer las leyes de Dios no se trata de legalismo; se trata de permanecer en el camino hacia las bendiciones de Dios.

Así, obedecer las leyes de Dios no se trata de legalismo; se trata de permanecer en el camino hacia las bendiciones de Dios.

En Malaquías 3, el Señor se acerca a nosotros para decirnos: *"Volveos a mí, y yo me volveré a vosotros"* (versículo 7). Aquí puedo ver al Señor diciendo: "Por favor, vuélvanse a mí. Quiero cuidar de ustedes. Quiero bendecirlos. Quiero abrir mi ventanas del cielo y derramar sobre ustedes una gran bendición". Nosotros le miramos con los ojos abiertos como platos, con expresión de esperanza. Tenemos tantas necesidades, respondemos con emoción: *"¿En qué hemos de volvernos?"* (versículo 7), y Dios responde: "Como les enseñé a sus padres antes de ustedes: *'En vuestros diezmos y ofrendas'* (versículo 8). Vuélvanse a mí de esta forma: *'Como en los días pasados, y como en los años antiguos'* (versículo 4)".

En Malaquías, el Señor que está hablando al pueblo judío. Ahora bien, a través de Jesús, usted y yo hemos sido incluidos, "injertados" con Israel. El pueblo judío entendió lo que Dios quiso decir. Entendían de qué se trataban todas las ofrendas. Ofrendar era la clave, ofrendar era el secreto. Incluso ahora, la ofrenda, como en los días pasados, es el misterio del que Jesús habló cuando se refirió a la ofrenda de treinta, de sesenta y de ciento por uno. La ofrenda es el milagro que abrirá las ventanas del cielo. Cuando usted lea esto, cada ventana, hay un total de tres, se abrirá, y cuando se hayan abierto, nunca se volverán a cerrar. Pero para que Dios pueda abrir las ventanas de los cielos, primero debe *abrir nuestros ojos.*

> *Tres veces cada año aparecerá todo varón tuyo delante de Jehová tu Dios en el lugar que él escogiere: en la fiesta solemne de los panes sin levadura, y en la fiesta solemne de las semanas, y en la fiesta solemne de los tabernáculos. Y ninguno se presentará delante de Jehová con las manos vacías.*
>
> (Deuteronomio 16:16)

Según la antigua sabiduría judía, tres veces al año, Dios trae una ventana especial del cielo que pasa sobre nosotros. La palabra hebrea para *"ventana"*, como se encuentra en Malaquías 3:10, significa un "portal" o "chimenea". Significa la capacidad de Dios para suplir sus necesidades cuando cada ventana pasa sobre usted. Esto ocurre tres veces al año: en la Pascua, en Shavuot y en Sucot, o la fiesta de los Tabernáculos. Esto es exactamente lo que el Señor ha querido mostrarnos en los últimos tiempos. Esta es la revelación que hemos estado esperando.

> *Y conoceréis la verdad, y la verdad os hará libres.*
>
> (Juan 8:32)

Recuerde que es la verdad que conocemos, la verdad que entendemos, la que nos hace libres. Tres veces al año, Dios envía una oportunidad de recibir un milagro. Tres veces al año, dice Él: "Vengan ante mí, pero no lo hagan *'con las manos vacías'"*. Esta es la clave para las ventanas del cielo. Si no sabemos acerca de estas ofrendas especiales, pasarán de largo sobre nosotros, y nos preguntaremos por qué las ventanas de los cielos no se abren.

Probablemente se pregunte: *Pastor Larry, ¿realmente Dios nos pasaría de largo si no conociéramos esto?* Veamos este increíble ejemplo que tenemos en la Biblia sobre Jesús y un hombre. Aunque el relato se encuentra en tres de los cuatro Evangelios, sólo en Marcos aprendemos que el hombre era *"Bartimeo el ciego, hijo de Timeo"* (Marcos 10:46). Pero quiero que lea el relato en Lucas:

> *Aconteció que acercándose Jesús a Jericó, un ciego estaba sentado junto al camino mendigando; y al oír a la multitud que pasaba, preguntó qué era aquello. Y le dijeron que pasaba Jesús nazareno. Entonces dio voces, diciendo: ¡Jesús, Hijo de David, ten misericordia de mí! Y los que iban delante le reprendían para que callase; pero él clamaba mucho más: ¡Hijo de David, ten misericordia de mí! Jesús entonces, deteniéndose, mandó traerle a su presencia; y cuando llegó, le preguntó, diciendo: ¿Qué quieres que te haga? Y él dijo: Señor, que reciba la vista. Jesús le dijo: Recíbela, tu fe te ha salvado.* (Lucas 18:35–42)

Qué gran enseñanza sobre el amor y el poder de Dios. Pero observe que Bartimeo oyó *"la multitud que pasaba"*. Algunos de la multitud *"le dijeron que pasaba Jesús nazareno"*. ¿Vio eso? Jesús estaba pasando de largo, aunque quería sanar a Bartimeo, podía sanarle y, sin lugar a dudas, le sanaría. Jesús era la ventana del cielo de Bartimeo, pero estaba pasando de largo y, según las Escrituras, nunca regresaría a Jericó durante la corta estancia que le quedaba en la tierra.

Esto es lo que ocurre con nosotros, tres veces al año. Cuando atrapamos estos tiempos especiales, Jesús se detiene y abre las ventanas del cielo, diciendo, como hizo con Bartimeo: "Recibe tus bendiciones. Tu fe te ha salvado".

Eso es lo que Dios hará por usted. Deuteronomio 16:16 dice: *"Tres veces cada año aparecerá todo varón tuyo delante de Jehová tu Dios... Y ninguno se presentará delante de Jehová con las manos vacías"*. Debemos traer una ofrenda especial, una "ofrenda de primicias" para asegurarnos de que las ventanas del cielo no pasan de largo.

De nuevo, siempre que le damos a Dios, Él nos bendecirá, pero estos tres momentos son diferentes. Estos tiempos son especiales, y cada una de estas ofrendas produce una cosecha en particular, o bendición, que se libera desde el cielo para cubrirle a usted y a su familia para todo el año.

Veamos brevemente las bendiciones que se liberan cuando hacemos una ofrenda de primicias *"como en los años antiguos"* (Malaquías 3:4).

La ofrenda de la Pascua

Según la antigua sabiduría judía, hay tres cosas que, según Dios, no tienen límites. La primera es la esquina del campo desde donde el pobre puede ver lo que ha quedado de la cosecha. La segunda es el estudio de la Torá, la Palabra de Dios; y la tercera es la ofrenda de las primicias. El significado de esto para nosotros es que la bondad y la generosidad de Dios no tienen límites. Las interminables revelaciones que hay en la Palabra de Dios no tienen límites, y no hay límites para las increíbles bendiciones que se liberan con nuestras ofrendas de las primicias.

Las interminables revelaciones que hay en la Palabra de Dios no tienen límites, y no hay límites para las increíbles bendiciones que se liberan con nuestras ofrendas de las primicias.

La primera de las ofrendas en Deuteronomio 16:16 es la ofrenda de la

Pascua. El segundo día de la Pascua es la fiesta de los Panes sin levadura. Esta es una ofrenda para Dios que produce tres bendiciones diferentes en su vida. Debemos recordar que cuando Dios envió a Moisés a sacar a su pueblo de Egipto, en su mayoría ya no estaban sirviendo al Dios de Abraham, Isaac y Jacob. Muchos de ellos se habían vuelto a los dioses de Egipto. Se habían olvidado de su Dios y habían comenzado a modelar el estilo de vida de sus captores. Dios les salvó de los egipcios, no porque se lo merecieran sino por su gracia. Lo mismo ocurre con usted y conmigo. Dios nos ha salvado, no porque nos lo mereciéramos, sino por su gracia.

Una medida divina de gracia

Gracia es simplemente el favor inmerecido e ilimitado de Dios. Por su gracia, Dios no sólo respondió las oraciones de su pueblo sino que también hizo mucho más. Cuando las primeras nueve plagas asolaron Egipto, entre las cosas que destruyeron estaban todas las cosechas de los campos. Las plagas de granizo y de langostas asolaron toda la cebada de Egipto, salvo el área de Gosén, donde vivían los hijos de Dios.

> *Hubo, pues, granizo, y fuego mezclado con el granizo, tan grande, cual nunca hubo en toda la tierra de Egipto desde que fue habitada. Y aquel granizo hirió en toda la tierra de Egipto todo lo que estaba en el campo, así hombres como bestias; asimismo destrozó el granizo toda la hierba del campo, y desgajó todos los árboles del país... El lino, pues, y la cebada fueron destrozados, porque la cebada estaba ya espigada, y el lino en caña. Mas el trigo y el centeno no fueron destrozados, porque eran tardíos.* (Éxodo 9:24–25, 31–32)

Dios dijo después: *"Las primicias de los primeros frutos de tu tierra traerás a la casa de Jehová tu Dios"* (Éxodo 23:19). Después de que Dios, por su gracia, hubiera salvado sus campos, perdonado sus ganados y les hubiera librado de la esclavitud en

Egipto, les enseñó que, cada año, debían llevarle una ofrenda de las primicias de sus cosechas.

> *Habla a los hijos de Israel y diles: Cuando hayáis entrado en la tierra que yo os doy, y seguéis su mies, traeréis al sacerdote una gavilla por primicia de los primeros frutos de vuestra siega. Y el sacerdote mecerá la gavilla delante de Jehová, para que seáis aceptos; el día siguiente del día de reposo la mecerá. Y el día que ofrezcáis la gavilla, ofreceréis un cordero de un año, sin defecto, en holocausto a Jehová. Su ofrenda será dos décimas de efa de flor de harina amasada con aceite, ofrenda encendida a Jehová en olor gratísimo; y su libación será de vino, la cuarta parte de un hin. No comeréis pan, ni grano tostado, ni espiga fresca, hasta este mismo día, hasta que hayáis ofrecido la ofrenda de vuestro Dios; estatuto perpetuo es por vuestras edades en dondequiera que habitéis.*
> (Levítico 23:10–14)

Hay dos razones principales para esta ofrenda de cebada: en primer lugar, recibir la misma gracia necesaria en nuestras vidas que Israel necesitó en Egipto, y en segundo lugar, recordarnos que por la gracia de Dios, no somos pobres, ni esclavos de este mundo. Por su gracia, nosotros, los hijos de Dios, somos libres. *"Así que, si el Hijo os libertare, seréis verdaderamente libres"* (Juan 8:36). Cuando venimos ante el Señor con esta primera de las tres ofrendas especiales del año, Él abre la primera ventana del cielo y libera sobre nuestras vidas la primera bendición de gracia, el favor de Dios, para todo un año.

Protección divina

La segunda bendición que se libera por nuestra ofrenda de Pascua es protección divina. Ya hemos visto cómo Dios protegió a Israel cuando llegaron las primeras nueve plagas. Los campos de los egipcios y el ganado fueron destruidos, mientras que los hijos de Dios, que vivían en Gosén, fueron perdonados. Para los egipcios, su sustento fue destruido.

Es difícil no relacionar esto con nuestro mundo actual. En el ámbito de las finanzas, parece que la historia se vuelve a repetir. Muchas personas en todo el mundo han experimentado unas pérdidas espantosas por la brusca caída de los mercados, los bancos han fallado y los negocios inmobiliarios se han derrumbado. Pero Dios tiene un plan de protección divina para usted y para mí. Así cómo protegió a sus hijos en Egipto, nos protegerá a nosotros cuando llevemos la ofrenda de la Pascua cada año. Hemos visto la gracia de Dios y su protección divina sobre sus hijos con las primeras nueve plagas, pero eso no tiene ni punto de comparación con su protección divina cuando asoló la tierra la décima y última plaga:

Dios tiene un plan de protección divina para usted y para mí. Así cómo protegió a sus hijos en Egipto, nos protegerá a nosotros cuando llevemos la ofrenda de la Pascua.

> *Y la sangre os será por señal en las casas donde vosotros estéis; y veré la sangre y pasaré de vosotros, y no habrá en* ***vosotros*** *plaga de mortandad cuando hiera la tierra de Egipto... Y aconteció que a la medianoche Jehová hirió a todo primogénito en la tierra de Egipto, desde el primogénito de Faraón que se sentaba sobre su trono hasta el primogénito del cautivo que estaba en la cárcel, y todo primogénito de los animales.* (Éxodo 12:13, 29, énfasis añadido)

La décima plaga que pasó por Egipto azotó al primogénito, o primicias, de cada familia. Hasta este punto, las plagas previas habían sido dirigidas sólo a las cosechas, el agua y el ganado. Ahora, la amenaza era el primogénito de cada hogar. Dios, por tanto, les dijo a todas las casas de los hijos de Israel que sacrificaran un cordero y pusieran la sangre del cordero sobre los dinteles de su casa.

La antigua sabiduría judía enseña que cuando usted aplica la sangre sobre sus dinteles, el destructor no sólo es incapaz de azotarle a *usted*, sino que no tendrá permiso de tocar a nadie que esté *bajo su techo*.

Cuando le llevamos a Dios las ofrendas de las primicias, esto protege a nuestros hijos a través de la sangre del Cordero, como protegió a todos los hijos de los israelitas esa noche en Egipto. Esto libera la protección divina de la sangre del Cordero sobre usted y sobre toda su casa: su cónyuge, sus hijos, los cónyuges de sus hijos y sus nietos.

Cuando le damos a Dios la ofrenda de las primicias, ponemos toda nuestra casa bajo su gracia y protección. Cada cónyuge, cada niño y cada familiar es salvo cuando un hombre aplica la sangre sobre sus dinteles.

> *Porque el marido incrédulo es santificado en la mujer, y la mujer incrédula en el marido; pues de otra manera vuestros hijos serían inmundos, mientras que ahora son santos.* (1 Corintios 7:14)

No estoy diciendo con esto que los perdidos no necesiten a Jesús; estoy diciendo que hay un ángel de protección, una cobertura de la sangre y un paraguas de gracia que descansa sobre todos los miembros de su familia, impidiendo que el destructor llegue hasta ellos. Usted y su familia serán salvos por gracia. Esto es parte del pacto que tenemos con Dios y parte de la bendición ilimitada e inmerecida en la que entramos cuando damos nuestra ofrenda de primicias.

Favor divino

La tercera bendición es favor con nuestro prójimo.

> *E hicieron los hijos de Israel conforme al mandamiento de Moisés, pidiendo de los egipcios alhajas de plata, y de oro, y vestidos. Y Jehová dio gracia al pueblo delante de los egipcios, y les dieron cuanto pedían; así despojaron a los egipcios.* (Éxodo 12:35–36)

Cuando los israelitas salieron, encontraron favor a ojos de los egipcios, quienes les dieron su plata, oro y vestidos. Esto es importante, porque aunque necesitamos el favor de Dios para ver la bendición, también necesitamos que Dios nos dé favor con nuestro prójimo. De nuevo, la riqueza es parte de su redención. Esto va de la mano con Lucas 6:38, que promete que las bendiciones de Dios *"rebosando darán en vuestro regazo"*. La versión inglesa King James de la Biblia dice "os darán los hombres en vuestro regazo."

Durante la Pascua, los israelitas tenían que sembrar una ofrenda de primicias de cebada. Como comida de animales y esclavos, era lo menos que sus opresores podían perdonar. Proverbios 10:22 dice: *"La bendición de Jehová es la que enriquece, y no añade tristeza con ella."* En otras palabras, sin Dios, usted está limitado a lo que el hombre pueda hacer, pero con Dios, tiene favor a ojos de otras personas.

Sin Dios, usted está limitado a lo que el hombre pueda hacer, pero con Dios, tiene favor a ojos de otras personas.

Encontrar favor con el hombre significa que Dios le hablará a su jefe y le dirá que le dé un aumento de sueldo. En su empresa, Dios le dará favor con los clientes adecuados. Le dará favor cuando esté considerando hacer una inversión. Su jefe le dirá: "No sé por qué estoy haciendo esto, porque tengo que despedir a veinte personas, pero le voy a doblar su sueldo". Ese es el tipo de favor que Dios nos da con el hombre.

La ofrenda de primeros frutos de la Pascua libera la bendición a treinta por uno en nuestras vidas para todo el año.

Un testimonio de la ofrenda de los primeros frutos

Permítame contarle la historia de Lynn. Aunque había asistido al instituto bíblico y estaba sirviendo en su iglesia cuatro días por semana, ella sabía que algo le faltaba en su vida. Un día se encontraba clamando a Dios, cuando vio uno de nuestros programas de televisión, en el que yo estaba enseñando sobre la fiesta de la Pascua. Ese programa hizo que Lynn emprendiera un viaje que alteró el curso de su vida. Hambrienta de más, visitó una iglesia mesiánica en su zona, intentando captar lo que me había escuchado enseñar ese día. Finalmente, encontró nuestros servicios en Internet, lo cual trajo la plenitud que había estado buscando. Imagínese pasar todos esos años en el instituto bíblico y servir en su iglesia, sabiendo todo el tiempo que Dios tenía más para su vida. En el año 2008, Lynn comenzó su propia empresa, pero no experimentó un aumento sustancial hasta que comenzó a dar ofrendas de primeros frutos y a poner en práctica las enseñanzas que había aprendido de nosotros. Desde entonces, sus ingresos casi se han triplicado, y ha tenido que aumentar su espacio de oficinas debido al crecimiento de su empresa. Lynn dice que es interesante ver a nuevos clientes buscando su empresa porque otros le hablaron de ella. Ella sabe que esa bendición viene de Dios. Una de sus clientas incluso les hizo una donación de un material valorado en cinco mil dólares que ella necesitaba desesperadamente para poder lograr esa nueva expansión. ¡Han votado a su empresa como la mejor empresa del país durante dos años seguidos! Como los ingresos de sus dos propiedades alquiladas son suficientes para pagar sus facturas y gastos, y los beneficios de su empresa pagaron la expansión, ahora está libre de deudas. Ella vuela a Dallas una vez al mes sólo para estar en nuestra iglesia en persona bajo la unción y la adoración que aquí tenemos. Aunque sigue viviendo en la costa este, Lynn considera nuestra iglesia como su iglesia. Su oración ahora es poder mudarse a Dallas y seguir en el camino de las bendiciones que Dios ha provisto.

La ofrenda de Pentecostés

Mientras que la ofrenda de la Pascua nos da favor económico con el hombre, la ofrenda de Pentecostés, o *Shavuot*, nos da favor económico con Dios. En lugar de cebada, la ofrenda de Pentecostés era de trigo. El trigo representa gente y prosperidad.

Con ello, Dios está diciendo: "Su prosperidad ya no es por la esclavitud o por lo que el hombre les dé. Ahora, yo seré *Jehová-Yiré,* su Proveedor". Esta ofrenda nos conecta con el favor, la ayuda y el equipamiento sobrenatural de Dios. ¡Nos conecta con su suministro ilimitado de recursos y provisión!

Mientras que la ofrenda de cebada era para recordarle a Israel que, gracias a Dios, ya no eran esclavos sino que tenían favor con el hombre, la ofrenda de trigo era para decirle a Israel que tenía favor con los hombres *y* con Dios. Si pasamos por alto la ofrenda de la Pascua, nos perdemos la gracia inmerecida, la protección divina y el favor de nuestro prójimo. Si pasamos por alto la ofrenda de Pentecostés, nos perdemos el favor sobrenatural de Dios. Con esta ofrenda, pasamos de una bendición de Dios del treinta por uno a una del sesenta por uno.

La ofrenda de Sucot

La última de las tres ofrendas anuales nos lleva a la bendición a ciento por uno. Esta es la ofrenda de Sucot, también llamada la fiesta de los Tabernáculos. Con esta ofrenda, Dios derrama la "lluvia temprana" y la "lluvia tardía". La lluvia temprana se asegura que su cosecha eche raíces profundas; la lluvia tardía se asegura de que su cosecha produzca un fruto abundante. Sin la lluvia temprana, sus raíces quedarán superficiales, y las tormentas de la vida se llevarán su cosecha. Pero cuando usted da la ofrenda Sucot, activa la parte final de Malaquías 3:11: *"Reprenderé también por vosotros al devorador, y no os destruirá el fruto de la tierra, ni vuestra vid en el campo será estéril, dice Jehová de los ejércitos".*

Con estas tres ofrendas, tenemos favor con el hombre, favor con Dios y la promesa de que nuestras cosechas echarán raíces profundas y producirán fruto abundante.

Con estas tres ofrendas, tenemos favor con el hombre, favor con Dios y la promesa de que nuestras cosechas echarán raíces profundas y producirán fruto abundante. Ya no atravesaremos más esos valles de oscuridad. ¡Esta ofrenda nos trae la bendición a ciento por uno de Dios para todo el año!

Permítame compartir la historia de un milagro de la ofrenda de Sucot.

> En el año 2008, mi esposa perdió su empleo. Fue doloroso porque era la mejor posición y salario que jamás había alcanzado. Entrar en el mercado laboral en ese tiempo era difícil, ya que o bien no había posiciones en su campo de especialidad, o los trabajos que estaban disponibles ofrecían sólo la mitad de lo que ella estaba ganando antes. Tuvimos que aferrarnos y creer que Dios haría un camino para ella. El resto de 2008 y todo el 2009 pasaron sin que recibiera ninguna oferta. No fue hasta agosto de 2010 cuando alguien a quien ella no conocía llamó para informarle de un puesto en una compañía de aceite y gas. En pocos días, tuvo una entrevista, y una semana después, le contrataron como contratista temporal, ganando casi el mismo salario que tenía en su anterior trabajo. Todo esto ocurrió durante la ofrenda de Sucot.
>
> Durante los últimos meses, la compañía ha estado tan complacida con su trabajo que le consideraron para una posición a tiempo completo en la empresa. Antes de comenzar el trabajo, le habían dicho que obtener posiciones permanentes en esa compañía era difícil porque los currículos de vida y las posiciones permanentes tenían que ser aprobadas por el comité de dirección.
>
> Oramos para que recibiera una oferta a finales de 2010. La última semana, recibió una oferta de empleo que decía: un ascenso y un aumento de sueldo con opción a acciones. Sin duda alguna Dios había provisto para

nuestras vidas su gracia, favor económico y favor con los hombres. Apenas puedo contenerme mientras escribo esto. Amamos al Señor con todo nuestro corazón, y le alabamos por su bondad y por todo lo que Él ha hecho en nuestras vidas.

Ofrendas a treinta, sesenta y ciento por uno

Hay un concepto más relacionado con cómo pasamos de unas bendiciones del treinta por uno al sesenta por uno y al ciento por uno. El entendimiento hebreo es que no hay una, ni dos, sino tres formas distintas en las que debemos dar. La primera es el diezmo. Según Malaquías 3:10, los israelitas tenían que diezmar para que *"haya alimento en mi casa"*. El diezmo era para llenar el almacén. El diezmo se llevaba para que los sacerdotes pudieran presentar sacrificios por las personas que no conocía a Dios, así como para aquellos que no podían permitirse comprar sus propios sacrificios.

Diezmamos para que la casa de Dios esté llena de personas que aún no conocen el sacrificio que les fue dado a través de Jesucristo.

Nosotros diezmamos para que la iglesia pueda permitirse expandir el evangelio por todo el mundo. Diezmamos para que la casa de Dios esté llena de personas que aún no conocen el sacrificio que les fue dado a través de Jesucristo. Su diezmo es esencial para que el mundo oiga el evangelio y reciba el sacrificio de Dios.

La segunda manera de dar es a través de las ofrendas que llevamos tres veces al año, las cuales hemos cubierto en este capítulo.

Pero hay una tercera forma.

No os afanéis, pues, diciendo: ¿Qué comeremos, o qué beberemos, o qué vestiremos? Porque los gentiles buscan todas estas cosas; pero vuestro Padre

> *celestial sabe que tenéis necesidad de todas estas cosas. Mas buscad primeramente el reino de Dios y su justicia, y todas estas cosas os serán añadidas.*
>
> (Mateo 6:31–33)

En hebreo, la palabra *justicia* se traduce como *tzedaká*, que significa "actos de bondad". Hablaremos más sobre *tzedaká* posteriormente, pero por ahora, permítame decir esto: nunca obtendrá una ofrenda a ciento por uno de Dios hasta que entienda el asunto del diezmo, la ofrenda y los actos de bondad. Por eso Jesús no detuvo a la viuda pobre cuando puso sus dos últimas blancas en la ofrenda.

> *Levantando los ojos, vio a los ricos que echaban sus ofrendas en el arca de las ofrendas. Vio también a una viuda muy pobre, que echaba allí dos blancas. Y dijo: En verdad os digo, que esta viuda pobre echó más que todos. Porque todos aquéllos echaron para las ofrendas de Dios de lo que les sobra; mas ésta, de su pobreza echó todo el sustento que tenía.*
>
> (Lucas 21:1–4)

Jesús sabía que esta pobre mujer nunca entraría en el fluir de la abundancia de Dios hasta que primero ayudara a otra persona. Sabía que su ofrenda liberaría esas bendiciones en su vida.

Nuevamente, la antigua sabiduría judía nos dice que hay tres cosas que no tienen límite. Eso es lo que la bendición a ciento por uno significa: ¡no hay límites! Repasemos las tres cosas que no tienen límites. Una es el estudio de la Torá, cosa que usted está haciendo al leer este libro. Está entrando en un mundo donde la Palabra de Dios y la revelación no tienen límites. Ni siquiera hemos tocado aún la punta del iceberg.

La número dos es dar las ofrendas, tres veces al año. Dios dice: "Vuelvan a esas ofrendas de antes y observen cómo abro las ventanas de los cielos sobre sus vidas y derramo una bendición que lo llenará todo, *'medida buena, apretada, remecida y rebosando darán en vuestro regazo'* (Lucas 6:38). Y no sólo eso, también reprenderé al devorador para proteger toda su casa de sus maquinaciones".

La número tres son los actos de bondad, la "esquina de los campos". Aquí, Dios dice: "No se queden con toda la cosecha que yo les doy. Ayuden a otros, porque cuando lo hagan, sus cosechas no serán lo que ustedes esperan, sino que será *'mucho más abundantemente de lo que pedimos o entendemos'* (Efesios 3:20). ¡Disfruten del viaje a su Tierra Prometida! ¡Realmente está *fluyendo* leche, miel y todas las cosas buenas!".

Testimonios de ofrendas de primicias

Jeannie vio nuestro programa de televisión y me escuchó hablar sobre mi anterior libro, *La Bendición Torá*. Escuchar sobre las raíces judías de la fe cristiana fue algo nuevo para Jeannie, pero dijo que "se quedó anclado en mi corazón y tuve que conseguir el libro y leerlo". Después de leer el libro, comenzó a experimentar un cambio en su manera de pensar acerca de Dios y de sus planes para su vida. Comenzó a asistir a nuestra iglesia vía Internet, pero para nuestra celebración de Sucot, condujo más de mil kilómetros para asistir a nuestro servicio de primicias. Durante su visita, dio una ofrenda y compró un *talit*, o manto de oración, con un nuevo entendimiento de lo que enseña la Palabra de Dios sobre encontrarnos con Él en "tiempos señalados". Ella dijo que seguir las instrucciones de Dios acerca de guardar el Sabbat y orar con el talit fue como un sueño. A los cuatro meses, la empresa de su familia fue bendecida económicamente hasta el punto de instalar una hermosa piscina empotrada, y eso no es todo. Se pagó por completo por las bendiciones añadidas de la empresa que recibieron. Su empresa siguió creciendo, y en agosto, pagaron en metálico una segunda casa en Florida. Después, su esposo pagó el préstamo de su auto. Ella dice que Dios ha seguido prosperándoles en todas las áreas de su vida, no sólo en las finanzas. Jeannie sabe que Dios tiene un gran plan para su familia. Dijo que celebrar las raíces judías de su fe ha cambiado para siempre la vida de su familia. ¡Y sabe que lo mejor de Dios aún está por llegar!

Cuando sembramos nuestras ofrendas de primicias para Dios y hacemos actos de bondad, los techos desaparecen de nuestras vidas. Los límites desaparecen para que el Dios de las bendiciones pueda derramar abundancia nuestras vidas. Cuando usted lleva sus ofrendas, se divorcia de su antigua vida de carencia y de limitación. Ya no es esclavo, atado al espíritu de contención, sino que ahora ha entrado en una relación matrimonial con Dios en la que usted se convierte en socio, con toda la abundancia del cielo.

Hace unos años, una de nuestras asociadas que ve nuestros servicios en la Internet se apasionó muchísimo con las raíces judías de su fe. Comenzó a celebrar el Sabbat en su hogar y finalmente participó en nuestra ofrenda de primicias. Obedeció las instrucciones de Dios mucho antes de llegar a entender lo que el Señor había estado intentando enseñarle a través de mi ministerio. Recuerde: Dios dijo obedecer, y luego el entendimiento vendrá. Aunque estas ofrendas ocurrieron durante la depresión económica mundial, debido a su obediencia, ella pudo ver que sus finanzas no sufrieron. Pudo pagar sus facturas a tiempo y mantener su oficina abierta para realizar negocios como asistente de inmigración, instructora de ciudadanía e intérprete jurada certificada. Cuando comenzó a experimentar un bajón en el negocio, le pidió dirección al Señor. ¿Acaso quería Dios que cerrara la oficina? Sintió fuertemente que debía permanecer, así que durante la Pascua, plantó su ofrenda de primicias en la cantidad de mil dólares.

Después, lo primero que observó fue que un cliente que había dejado su empresa regresó, pidiendo ayuda. Durante los cincuenta días después de la Pascua, Dios derramó una bendición económica en su vida, mucho mayor que un aumento a treinta, a sesenta o a ciento por uno. ¡De hecho, ella nos dijo que tuvo un aumento del 110 por ciento! Eso le permitió ponerse al día en sus facturas y volar a Dallas para presentar su segunda ofrenda de primicias en nuestro servicio de Pentecostés. También nos dio una lista de otros miembros de su familia en diferentes estados que habían sido bendecidos por su obediencia a la ofrenda de primicias.

Una pareja nos contó una historia increíble de sanidad y cancelación de deuda. Un invierno, al esposo le diagnosticaron neumonía y le hospitalizaron. Su estado empeoró, ya que ninguno de los medicamentos que le había recetado su doctor parecía funcionar. Finalmente, fue necesario intervenirle quirúrgicamente para quitarle la bacteria y la infección de sus pulmones. Aunque tuvo éxito, la cirugía les costó a la pareja unos cincuenta mil dólares. Como vivían con una pensión de jubilación, era imposible que pudieran pagar esa factura.

Tras recuperarse, el esposo recibió una carta del hospital. Cuando creía que sería otra demanda de pago de la deuda, resultó ser una carta informándole de que uno de los programas del hospital ¡había pagado la deuda por completo! Esta pareja le atribuye ese milagro de Dios a una enseñanza que yo había presentado durante el tiempo de Sucot acerca de que Dios le da a su pueblo treinta días extra para plantar su ofrenda de primicias debido a circunstancias imprevistas. La circunstancia imprevista para esta querida pareja era una gran cantidad de dinero en metálico. En medio de su necesidad, sin embargo, la esposa había plantado una semilla de lo que ellos llamaban su "pequeño cheque de jubilación", sin saber que su acto de fe abriría las ventanas de los cielos y desataría una bendición económica milagrosa. Ahora, esta pareja ve cómo Dios actuó a su favor para mover una montaña de deuda. ¡Gloria a Dios, ellos fueron obedientes porque sabían que Dios siempre es fiel!

PARTE
III

Desvelando los antiguos misterios

8

El *talit*: Morar en el lugar secreto

Entrar en oración es la forma más poderosa de relacionarse con Dios. Piense en ello. El Dios Todopoderoso nos está invitando a usted y a mí a hablar con Él sobre cualquier persona o cosa.

Conté la siguiente historia en mi libro *La Bendición Torá*, pero quiero volver a compartirla con usted. Tiz y yo estuvimos una vez en Venecia para hacer una investigación en nuestro camino de regreso de Israel. Mientras estábamos allí, visitamos un histórico gueto judío original de Venecia, el lugar donde se originó la palabra *gueto*. Yo estaba esperando a Tiz fuera de una tienda cuando esos dos jóvenes judíos se acercaron y comenzaron a hablar conmigo. Me preguntaron sobre mi vida de oración y querían saber si había orado ese día. Cuando les dije que sí, me preguntaron: "¿Y ha orado usted con *tefillin*?". Esa es la práctica hebrea de enrollar una cajita de piel alrededor del brazo y otra alrededor de la cabeza cuando oran. Esos hombres me mostraron Deuteronomio 6, donde Dios enseñó a su pueblo a orar de esta forma.

> *Oye, Israel: Jehová nuestro Dios, Jehová uno es. Y amarás a Jehová tu Dios de todo tu corazón, y de toda tu alma, y con todas tus fuerzas. Y estas palabras*

> *que yo te mando hoy, estarán sobre tu corazón... Y las atarás como una señal en tu mano, y estarán como frontales entre tus ojos.* (Deuteronomio 6:4–6, 8)

Les expliqué a los dos hombres que era el pastor de una iglesia y que no tenía conocimiento de la oración con *tefillin*. Les dije: "Si pueden decirme por qué ustedes hacen esto, no sólo como un ritual o legalismo sino con su verdadero significado, entonces yo oraré con ustedes". Ellos sonrieron y dijeron: "Primero, nos hace detenernos y nos recuerda que pensemos: *Voy a hablar con el Dios todopoderoso. Él me ha invitado a hablar con Él. Dejará todo lo que está haciendo, no sólo para escucharme, sino también para hablarme en mi corazón. Por lo tanto, en lugar de estar tan ocupado, tengo que detenerme. Dios, mi Padre celestial, quiere pasar tiempo conmigo.* Luego, nos recuerda que hay otros que no conocen a Dios, que no saben que Él los ama y que también quiere hablar con ellos. No puedo conformarme con que sólo yo hablé con Él; también debo decírselo a otros".

No es necesario decir que oramos juntos ese día en Venecia. No les importó que yo fuera un pastor cristiano. Tuvimos una discusión maravillosa basada en el respeto mutuo y un mayor entendimiento.

Piense en el poder que hemos recibido a través de la oración. La sabiduría judía nos enseña que la oración, en su forma más sublime y sincera, se llama *avodah shebalev*, que significa "un servicio del corazón".

En Levítico 20, Dios nos dice: *"Habéis, pues, de serme santos, porque yo Jehová soy santo, y os he apartado de los pueblos para que seáis míos"* (versículo 26). La palabra *santo* tiene dos significados en este versículo. Primero, es estar cerca de Dios. Segundo, es estar separado del mundo para Dios.

Ahora, desvelemos otro de los secretos de Dios.

> *El que habita al abrigo del Altísimo morará bajo la sombra del Omnipotente. Diré yo a Jehová: Esperanza mía, y castillo mío; mi Dios, en quien confiaré.*
> (Salmos 91:1–2)

Durante mucho tiempo, pensé que este versículo era injusto. Pensaba: *Dios tiene un lugar especial, ¿pero lo está manteniendo en secreto?* La palabra hebrea traducida como *"abrigo"* significa "cobertura, lugar oculto, secreto".

Ahora, lea lo que dijo Jesús en Mateo 6:6:

> *Mas tú, cuando ores, entra en tu aposento, y cerrada la puerta, ora a tu Padre que está en secreto; y tu Padre que ve en lo secreto te recompensará en público.*

Antes de llegar al talit, permítame repetir una enseñanza de mi libro *La Bendición Torá.*

Sanidad en sus alas

> *Oíd: He aquí, el sembrador salió a sembrar; y al sembrar, aconteció que una parte cayó junto al camino, y vinieron las aves del cielo y la comieron. Otra parte cayó en pedregales, donde no tenía mucha tierra; y brotó pronto, porque no tenía profundidad de tierra. Pero salido el sol, se quemó; y porque no tenía raíz, se secó. Otra parte cayó entre espinos; y los espinos crecieron y la ahogaron, y no dio fruto. Pero otra parte cayó en buena tierra, y dio fruto, pues brotó y creció, y produjo a treinta, a sesenta, y a ciento por uno. Entonces les dijo: El que tiene oídos para oír, oiga.*
>
> (Marcos 4:3–9)

Esta es la conocida parábola de la semilla y el sembrador. En ella, Jesús estaba hablando sobre la semilla que cae en varios tipos de terreno. Luego, de repente, en el versículo nueve, dijo: *"El que tiene oídos para oír, oiga".* Obviamente, Jesús no estaba dirigiéndose a personas a quienes les faltasen las orejas. No, estaba hablando a personas que escuchan las palabras que Él hablaba pero que no tenían capacidad de entender. En realidad estaba diciendo: "El que esté ungido, tocado por Dios y con discernimiento y entendimiento, que entienda".

¿Puede ver a los apóstoles de pié detrás de Él, asintiendo con la cabeza? Luego, en el siguiente versículo: *"Cuando estuvo solo, los que estaban cerca de él con los doce le preguntaron sobre la parábola"* (Marcos 3:10). Sus propios discípulos no tenían entendimiento, y Jesús les dijo: *"A vosotros os es dado saber el misterios del reino de Dios; mas a los que están fuera, por parábolas todas las cosas"* (versículo 11). En otras palabras: "A ustedes que son nacidos de nuevo, voy a explicarles los misterios del reino de Dios, pero para todos los demás, estas enseñanzas van a ser solamente historias".

Hasta que no leamos y entendamos las Escrituras a través de los ojos de Jesús—los ojos de Yeshúa el Mesías—y recibamos entendimiento del Espíritu Santo—el Espíritu del Dios de Abraham—, el significado de estas enseñanzas seguirá encerrado en una bonita historia. Pidamos a Dios que nos ayude a ir más allá de la historia, hasta el lugar donde es revelado el misterio de la Palabra de Dios.

"Si tocare solamente su manto..."

La siguiente historia de sanidad se encuentra en tres de los cuatro Evangelios.

> *Pero una mujer que desde hacía doce años padecía de flujo de sangre, y había sufrido mucho de muchos médicos, y gastado todo lo que tenía, y nada había aprovechado, antes le iba peor.* (Marcos 5:25–26)

Aquí estaba una mujer que sufría de flujo de sangre desde hacía más de doce años. Había gastado todo su dinero visitando a todo doctor y posible sanador, pero no mejoraba. Estaba a punto de intentar algo que demostraría que estaba al borde de la desesperación.

> *Porque decía dentro de sí: Si tocare solamente su manto, seré salva.* (Mateo 9:21)

Sin entrar en detalles gráficos, permítame decir que, según la Torá, una mujer que sufría de un flujo de sangre era considerada "inmunda". Le estaba prohibido aparecer en público porque a cualquiera que ella tocase también se le consideraría inmundo. Ciertamente, para una mujer en ese estado tocar a un rabino era algo estrictamente prohibido. Había visitado a todos los doctores y no había encontrado respuesta a su desgracia, pero, de repente, oyó que Jesús estaba de camino. ¡Imagine la desesperación de esta mujer para entrar en un mercado público abarrotado de testigos para poder tocar a ese visitante rabino!

Quizá usted se identifique con esta mujer. Quizá no se siente digno de presentarse ante un Dios santo, pero está desesperado. Lo ha probado todo, pero no consigue prosperar, ni terminar su deuda, ni que sus hijos sirvan a Dios o que su esposo o su esposa vaya a la iglesia. No encuentra alivio de sus ataduras de enfermedad o adicción, está enfermo y cansado de estar enfermo y cansado. Lo ha probado todo, y ha llegado a un punto donde está dispuesto a hacer lo que sea. Está desesperado por encontrar sanidad y bienestar.

El talit

En el Antiguo Testamento hay un breve mandamiento: *"Te harás flecos en las cuatro puntas de tu manto con que te cubras"* (Deuteronomio 22:12). Éste es un extraño mandamiento en medio del capítulo que instruye a los hombres de Israel sobre cómo vestir. No se dan más explicaciones, y está precedido y seguido de otros aspectos de la ley mosaica. En Números, sin embargo, el mandamiento está ampliado:

> *Y Jehová habló a Moisés, diciendo: Habla a los hijos de Israel, y diles que se hagan franjas en los bordes de sus vestidos, por sus generaciones; y pongan en cada franja de los bordes un cordón de azul. Dios servirá de franja, para que cuando lo vea insultos acordéis de todos los mandamientos de Jehová, para ponerlos por obra.* (Números 15:37–39)

Por tanto, *"por sus generaciones"*, los hombres judíos eran reconocidos instantáneamente por las bolas de lana retorcida en el borde de sus vestidos. Jesús no era diferente.

Cambiando ahora a la descripción de Lucas de la grave situación de la mujer, la historia continúa y ella *"se le acercó por detrás y tocó el borde de su manto; y al instante se detuvo el flujo de su sangre"* (Lucas 8:44).

El manto tradicional judío con borlas en las cuatro esquinas se llama el *talit.* Las borlas de lana representan los 613 mandamientos, o mitzvás, de Dios que protegen, dirigen, guían y enseñan a su pueblo. Jesús, como hombre judío al que llamaban "rabino", sin duda alguna vestiría uno de estos mantos. La traducción del extremo del talit es *borde*, pero en hebreo también se le llama el *arba kanfot*, o "cuatro alas".

Imagine a esta mujer, que había crecido oyendo historias de un Mesías prometido. Había oído a los hombres hablar de las profecías de Isaías sobre alguien que fue *"herido fue por nuestras rebeliones, molido por nuestros pecados; el castigo de nuestra paz fue sobre él, y por su llaga fuimos nosotros curados"* (Isaías 53:5). Cuando ella vio a Jesús vistiendo el manto de oración, sabía, por las promesas de Dios, que finalmente recibiría el milagro que había estado buscando por tanto tiempo. Había oído la profecía que decía: *"Nacerá el Sol de justicia, y en sus alas traerá salvación"* (Malaquías 4:2). Ella no intentó tocar la manga de Él, ni lloró en la distancia, sino que conocía la profecía y tenía fe en que Dios sería fiel a su Palabra, así que se estiró y lo agarró. Estoy seguro de que no fue mucho; ¡había sufrido del flujo de sangre durante *doce años*! Probablemente era pálida, delgada y débil en su aspecto; sin embargo, se estiró y agarró la promesa de Dios cuando pasó por su lado. Y Jesús se detuvo inmediatamente.

> *Entonces Jesús dijo: ¿Quién es el que me ha tocado? Y negando todos, dijo Pedro y los que con él estaban: Maestro, la multitud te aprieta y oprime, y dices: ¿Quién*

es el que me ha tocado? Pero Jesús dijo: Alguien me ha tocado; porque yo he conocido que ha salido poder de mi. (Lucas 8:45–46)

Cuando la mujer tocó el borde de su talit, Jesús *sintió* que el poder salía. Yo no sé usted, pero a mí me gustaría recibir un poco de ese poder.

Entonces, cuando la mujer vio que no había quedado oculta, vino temblando, y postulándose a sus pies, le declaró delante de todo el pueblo por qué causa le había tocado, y como al instante había sido sanada. Y él le dijo: Hija, tu fe te ha salvado; ve en paz. (versículos 47–48)

Jesús no conocía a esta mujer, nunca antes la había visto, pero ella sabía que el Mesías vendría, que Jesús vendría, con sanidad en sus alas.

¿Es tan absurdo creer que al obedecer la Palabra de Dios y vestir un recordatorio de sus promesas cuando oramos, Él traerá sanidad en las salas del talit? Puede que usted piense: *¿Por qué necesitaríamos algo externo para facilitar la sanidad de Dios?*

¿Es cierto que cuando ungimos a personas con aceite, sanarán? (Véase, por ejemplo, Santiago 5:14).

¿Es cierto que cuando imponemos manos sobre los enfermos, se pondrán bien? (Véase, por ejemplo, Marcos 16:18).

¿Es cierto que deberíamos poner freno a nuestra boca, porque hay vida y muerte en el poder de la lengua? (Véase Proverbios 18:21).

¿Hay alguna utilidad en regocijarnos en el Señor siempre, porque Dios habita en las alabanzas de su pueblo? (Véase Salmos 22:3; Filipenses 4:4).

¿Es cierto que nuestros diezmos y ofrendas abrirán las ventanas de los cielos? (Véase Malaquías 3:10).

¿Es cierto que cuando cantamos y alabamos a Dios, Él está ahí en medio nuestro?

¿Manifiesta Dios su presencia en su poder en todas estas expresiones externas? ¿Sí?

Entonces quizá Dios nos haya dado otra revelación. No tiene usted que hacer ninguna de estas cosas para salvarse. No tiene que ungir con aceite, o imponer sus manos sobre los enfermos, o diezmar, o cantar alabanzas a Dios. Sin embargo, la Biblia dice:

> *Pero sed hacedores de la palabra, y no tan solamente oidores, engañándoos a vosotros mismos... Más el que... persevera en ella, no siendo oidor olvidadizo, sino hacedor de la obra, éste será bienaventurado en lo que hace.* (Santiago 1:22, 25)

Al abrigo

Permítame compartir con usted una revelación tremenda que ha cambiado mi vida y que también cambiará la suya. Aquí, en dos versículos, leemos sobre un "lugar secreto". En Mateo, Jesús le estaba hablando al pueblo judío que ya había entendido qué era el lugar secreto y dónde podían encontrarlo. Esta es otra ilustración perfecta del hecho de que no podemos entender totalmente el Nuevo Testamento hasta que no entendamos el Antiguo Testamento. Tampoco podemos entender del todo lo que enseñó Jesús hasta que no entendamos del todo lo que enseñó Moisés.

> *El que habita al abrigo del Altísimo morará bajo la sombra del Omnipotente... Con sus plumas te cubrirá, y debajo de sus alas estarás seguro; escudo y adarga es su verdad.* (Salmos 91:1, 4)

Anteriormente, leímos el relato de la mujer con flujo de sangre, de cómo se sanó al tocar el borde del manto de Jesús, su talit. Ahora, estamos leyendo acerca de un refugio bajo sus plumas y sus alas.

Cuando vestimos el talit, moramos al abrigo del Altísimo. Bajo su sombra, bajo sus alas, encontramos refugio, sanidad, liberación y prosperidad. Ha sido siempre una tradición orar bajo el talit: "Que preciosa es tu bondad, oh Dios. La humanidad está al abrigo de tus alas". Por supuesto, sabemos que Dios no es un pájaro con plumas, pero esto no es tan sólo una analogía; es profético.

Cuando vestimos el talit, moramos al abrigo del Altísimo.

Dios quiere que seamos santos, separados del mundo para Él, especialmente cuando oramos. Llevar un talit es una manera muy poderosa de hacerlo. Cuando usted cubre su cabeza con un talit, está entrando en un "lugar secreto". Al cubrir su rostro, usted *"cerrada la puerta"*.

> *Mas tú, cuando ores, entra en tu aposento, y* ***cerrada la puerta****, ora a tu Padre que está en secreto; y tu Padre que ve en lo* ***secreto*** *te recompensará en público.* (Mateo 6:6, énfasis añadido)

La antigua sabiduría judía dice que cuando usted *"cerrada la puerta"*, se separa de las distracciones e influencia del mundo. El enemigo no puede hablar a su mente ni traer duda ni confusión mientras usted ora. ¿Por qué es esto tan importante? Recuerde lo que dijo Santiago:

> *Y si alguno de vosotros tiene falta de sabiduría, pídala a Dios, el cual da a todos abundantemente y sin reproche, y le será dada. Pero pida con fe, no dudando nada; porque el que duda es semejante a la onda del mar, que es arrastrada por el viento y echada de una parte a otra. No piense, pues, quien tal haga, que recibirá cosa alguna del Señor. El hombre de doble ánimo es inconstante en todos sus caminos.* (Santiago 1:5–8)

Cuando usted entra *"en lo secreto"* y *"cerrada la puerta"*, Dios le cubre con protección para que no tenga doble ánimo.

Entonces, en este aislamiento con Dios, comienza a recibir la respuesta que ha estado buscando.

No me malentienda; puede orar a Dios en cualquier momento, en cualquier lugar y Él le oirá y le bendecirá. Pero en estos últimos tiempos, nuestros ojos se están abriendo y Dios nos está mostrando algo nuevo y fresco. Nos está haciendo volver a su abrigo, *"en lo secreto"*.

Recuerdo una época en que Tiz y yo aparecíamos en un programa de televisión y el presentador nos preguntó sobre mi enseñanza llamada "Sanidad en sus alas". Le hablé sobre el lugar secreto de Dios. Cuando llegué a lo que Jesús dijo en Mateo 6, los ojos del hombre se iluminaron, y dijo: "¡Ahora lo entiendo! He estado en Israel muchas veces y a menudo me he preguntado por lo que decía Jesús. ¿Cómo es posible que pudieran entrar en su aposento y cerrar la puerta? En aquellos tiempos no tenían aposentos con puertas. Ese lugar, el lugar secreto, era el *talit*, la misma prenda que Jesús llevaba cuando la mujer con flujo de sangre tocó el borde de su manto y recibió la sanidad". (Véase Marcos 5:25–34; Lucas 8:43–48).

Permítame volver a decirlo: no tiene que llevar un talit para orar a Dios, pero permítame también una pregunta: ¿Qué ocurriría si hubiera una manera de "vigorizar" sus oraciones? Me acuerdo de un amigo mío que tiene unos setenta años y ha sido un firme y fuerte creyente durante muchos años. Recientemente, me dijo: "Larry, compré un talit y oré con él por primera vez. Si te soy sincero, no pensé que fuera a haber ninguna diferencia. No creía que esas cosas fueran para los cristianos de hoy día, pero Dios seguía hablándome y pidiéndome que lo hiciera, así que lo hice. Nunca antes he sentido a Dios en mi vida más que cuando me oré debajo del talit. Mi media hora de oración se convirtió en tres horas. ¡Fue increíble!".

Déjeme animarle a intentarlo. Puede contactar con nuestro ministerio para pedir un talit. Vaya *"en lo secreto"*, *"cerrada la puerta"* para no tener *"doble ánimo"*, y compruebe si la Palabra de Dios es cierta cuando Jesús dice: *"Y tu Padre que ve en lo secreto te recompensará en público"* (Mateo 6:6)

Dios quiere bendecirnos revelándonos no sólo los secretos de la sanidad física que hay en sus alas, sino también los secretos para todos los tipos de bendiciones, incluyendo las bendiciones económicas y el derramamiento de sus recursos y su abundancia. ¿De dónde viene esta riqueza de los últimos tiempos? Permítame darle una pista: *"Y te daré los tesoros escondidos, y los secretos muy guardados, para que sepas que yo soy Jehová, el Dios de Israel, que te pongo nombre"* (Isaías 45:3). Cuando encuentre el lugar secreto, ¡Dios le mostrará dónde han estado escondidos sus tesoros y riquezas hasta ahora! Cuando entre en el lugar secreto para orar a Dios y oír de Él, Él le dará *"la ciencia de los consejos"* (Proverbios 8:12). ¡Él le revelará ideas, conceptos y visiones que influenciarán a otros y bendecirán su vida!

Dios quiere bendecirnos revelándonos no sólo los secretos de la sanidad física que hay en sus alas, sino también los secretos para todos los tipos de bendiciones, incluyendo las bendiciones económicas y el derramamiento de sus recursos y su abundancia.

> *Porque él me esconderá en su tabernáculo en el día del mal; me ocultará en lo reservado de su morada; sobre una roca me pondrá en alto.* (Salmos 27:5)

La mujer con flujo de sangre fue sanada cuando tocó el talit de Jesús. Permítame señalar que eso no fue sólo un incidente puntual, sino que hay muchos otros relatos en el Nuevo Testamento de personas que recibieron la sanidad mientras oraban bajo el talit (véase, por ejemplo, Mateo 14:36; Marcos 6:56). Con esto, podemos ver que orar bajo el talit para liberar el poder de Dios no era algo sólo para los tiempos bíblicos, sino para todos los tiempos. Esas sanidades no pretendían ser algo puntual sino algo de todos los días, incluso ahora, cada día de nuestras vidas. Permítame compartir algunos testimonios de personas en nuestro ministerio ¡que son un ejemplo vivo del poder sanador de Dios!

Si Jesús pensó que era necesario orar bajo el talit y vio este tipo de resultados, ¿no deberíamos nosotros también orar así? Aquí en Dallas, ¡a esto lo llamamos una pista! Dios ha hecho disponible este tremendo poder para usted y para mí y ha establecido formas específicas en las que podemos acceder a él. Para cada necesidad que tengamos, el Señor tiene una respuesta; para cada reto que afrontemos, Él tiene un milagro. Entremos en todo lo que el Señor ha preparado para nuestras vidas, nuestras familias, nuestra salud y nuestra economía. ¡Entremos en ese lugar secreto y descubramos la plenitud de las bendiciones de Dios!

9

La *mezuzá*: Su mundo y una fuerza superior

Muchas personas piensan que ser espiritual consiste en dar todo lo que uno posee y vivir en algún monasterio en las montañas, pero Dios dice: "Mantén tu hogar, tu matrimonio, tus hijos y tu carrera, y llévalos a un nivel superior". En hebreo, esto se llama un *mitzvá*, o un mandamiento. Es algo que Dios nos dice que hagamos. Un *mitzvá* es una conexión entre su mundo y un poder superior.

> *Amado, yo deseo que tú seas prosperado en todas las cosas, y que tengas salud, así como prospera tu alma.* (3 Juan 1:2)

El objetivo de Dios es que usted consiga todas las cosas buenas de la vida. Él quiere que prospere y que tenga salud, pero la clave es que su alma prospere a medida que profundiza en el conocimiento de la Palabra de Dios. Si está dispuesto a aprender, puede profundizar aún más en la revelación de la Palabra de Dios.

La antigua sabiduría judía sugiere que la idea de buscar un significado más profundo en la Torá (la Biblia) no es diferente a buscar un significado más profundo en las ciencias. Así como buscamos significados y principios más profundos en el funcionamiento de la naturaleza, también tenemos que buscar verdades más profundas cuando leemos la Biblia. El rey Salomón aludió a esto en Proverbios 25:11: *"Manzana de oro con figuras de plata es la palabra dicha como conviene"*. En su libro *The Guide for the Perplexed*, Moses Maimonides explica este proverbio. Según Maimonides, las figuras de plata representan el texto de la Torá, vista desde cierta distancia. La manzana de oro son los secretos que contiene el texto de la Torá.

Hace miles de años, el autor de Hebreos discernió la diferencia entre la *"leche"* y la *"carne"* acerca del aprendizaje de las cosas de Dios.

> *Y todo aquel que participa de la leche es inexperto en la palabra de justicia, porque es niño; pero el alimento sólido es para los que han alcanzado madurez, para los que por el uso tienen los sentidos ejercitados en el discernimiento del bien y del mal.* (Hebreos 5:13–14)

Permítame mostrarle uno de los mayores secretos que Dios está desvelando para nosotros en estos últimos tiempos.

> *Estos, pues, son los mandamientos, estatutos y decretos que Jehová vuestro Dios mandó que os enseñase, para que los pongáis por obra en la tierra a la cual pasáis vosotros para tomarla; para que temas a Jehová tu Dios, guardando todos sus estatutos y sus mandamientos que yo te mando, tú, tu hijo, y el hijo de tu hijo, todos los días de tu vida, para que tus días sean prolongados. Oye, pues, oh Israel, y cuida de ponerlos por obra, para que te vaya bien en la tierra que fluye leche y miel, y os multipliquéis, como te ha dicho Jehová el Dios de tus padres. Oye, Israel: Jehová nuestro Dios, Jehová uno es. Y amarás a Jehová tu Dios de todo tu corazón, y de toda tu alma, y con todas tus fuerzas. Y estas palabras que yo te mando hoy, estarán sobre tu corazón; y las repetirás a tus hijos, y hablarás de ellas estando en tu casa, y andando por el camino, y al acostarte, y cuando te levantes. Y las*

atarás como una señal en tu mano, y estarán como frontales entre tus ojos; y las escribirás en los postes de tu casa, y en tus puertas. (Deuteronomio 6:1–9)

En hebreo, la palabra para Escritura que aparece en los postes de una edificación es *mezuzá*, que literalmente significa "poste". Si alguna vez ha visitado Israel o un vecindario, una casa o un restaurante judíos, probablemente haya visto una *mezuzá* en el lado superior derecho de cada puerta. Una *mezuzá* no es un "amuleto de la suerte" sino un poderoso recordatorio de que Dios nos dice que tomemos su Palabra y la pongamos en los postes de nuestra casa.

Inevitablemente, siempre que enseño esto alguien me pregunta: "Pastor Larry, ¿esto es para nosotros? ¿Realmente marca alguna diferencia si tomo parte de la Palabra de Dios y la pongo en los postes de mi casa?". Y yo siempre respondo a esta pregunta con otra pregunta.

Imagine que alguien le da un libro sobre brujería que enseña cómo echar maldiciones a otras personas. ¿Permitiría que ese libro estuviera en su casa? No tiene que leerlo, ni siquiera tiene que abrirlo, simplemente tendría que ponerlo sobre su mesita del café o sobre la repisa de su cocina o en la estantería de su hijo. ¿Lo dejaría ahí? Estoy seguro de que su respuesta sería: "No. ¡De ninguna manera permitiría que un libro así estuviera en mi hogar!". ¿Acaso no es "tan solo un libro"? Usted no cree en él y probablemente nunca lo lea. Entonces, ¿dónde está el daño?

La mayoría de la gente probablemente diría: "Ese libro traería un mal espíritu a mi casa". ¡Y tendrían razón!

Ahora, veámoslo desde el otro lado. Si las malas palabras contienen un mal espíritu, entonces las buenas palabras tienen un buen espíritu conectado a ellas. A veces predico un mensaje titulado: "Por favor, saque la basura". En él, animo a la gente a revisar sus casas y limpiarlas de todo libro, recuerdo, regalo y cualquier otra cosa que pudiera tener un mal espíritu asociado a ello. La mayoría de los cristianos son conscientes de la importancia de mantener alejados a los malos espíritus de sus hogares y familias. Aquí, Dios nos dice cómo liberar su Espíritu en cada habitación de nuestras casas, lo cual es igual de importante, si no más (véase, por ejemplo, Mateo 12:43–45).

En cada mezuzá hebrea está escrita todo o parte de uno de los siguientes pasajes de la Escritura:

> *Oye, Israel: Jehová nuestro Dios, Jehová uno es. Y amarás a Jehová tu Dios de todo tu corazón, y de toda tu alma, y con todas tus fuerzas. Y estas palabras que yo te mando hoy, estarán sobre tu corazón; y las repetirás a tus hijos, y hablarás de ellas estando en tu casa, y andando por el camino, y al acostarte, y cuando te levantes. Y las atarás como una señal en tu mano, y estarán como frontales entre tus ojos; y las escribirás en los postes de tu casa, y en tus puertas.*
>
> (Deuteronomio 6:4–9)

> *Si obedeciereis cuidadosamente a mis mandamientos que yo os prescribo hoy, amando a Jehová vuestro Dios, y sirviéndole con todo vuestro corazón, y con toda vuestra alma, yo daré la lluvia de vuestra tierra a su tiempo, la temprana y la tardía; y recogerás tu grano, tu vino y tu aceite. Daré también hierba en tu campo para tus ganados; y comerás, y te saciarás. Guardaos, pues, que vuestro corazón no se infatúe, y os apartéis y sirváis a dioses ajenos, y os inclinéis a ellos; y se encienda el furor de Jehová sobre vosotros, y cierre los cielos, y no haya lluvia, ni la tierra dé su fruto, y perezcáis pronto de la buena tierra que os da Jehová. Por tanto, pondréis estas mis palabras en vuestro corazón y en vuestra alma, y las ataréis como señal en vuestra mano, y serán por frontales entre vuestros ojos. Y las enseñaréis a vuestros hijos, hablando de ellas cuando te sientes en tu casa, cuando andes por el camino, cuando te acuestes, y cuando te levantes, y*

las escribirás en los postes de tu casa, y en tus puertas; para que sean vuestros días, y los días de vuestros hijos, tan numerosos sobre la tierra que Jehová juró a vuestros padres que les había de dar, como los días de los cielos sobre la tierra. (Deuteronomio 11:13–21)

Observe lo que Dios le dijo a su pueblo que pusiera en los postes de sus casas: Dios es nuestro Dios, nos ama y debemos siempre mirarle. Tenemos que enseñar a nuestros hijos acerca de Dios y su bondad. Él nos dará prosperidad, protección, provisión, salud, victoria y larga vida. Cada vez que usted entra por la puerta de su hogar, las palabras de Dios están ahí para bendecir su entrada y su salida.

Cada vez que usted entra por la puerta de su hogar, las palabras de Dios están ahí para bendecir su entrada y su salida.

Hace años, cuando mi hija Katie tenía diez u once años, invitó a una amiga a dormir en nuestra casa. Al entrar al cuarto de Katie, oí que su amiga preguntó qué era esa "cajita" que había en el marco de su puerta. Me interesó conocer la respuesta que le daría Katie al respecto, y dijo: "Ah, es una mezuzá". La amiga preguntó: "¿Para qué sirve?". Katie respondió: "Es para recordarme que no importa por lo que esté pasando, Dios está ahí para bendecir mi entrada y mi salida". Me sentí muy orgulloso de ella. Incluso a su corta edad, Katie había entendido lo que significaba tener la Palabra de Dios en el marco de su cuarto. Sin embargo, es lo que dijo después lo que me hizo sentirme aún más orgulloso; dijo: "También me recuerda que para poder ser bendecida, tengo que bendecir a otros cuando salgo al mundo, y luego, tengo que ser una bendición cuando regreso a casa".

Lo sobrenatural

Permítame volver a decir que una mezuzá no es un "amuleto mágico". Sin embargo, Dios honra nuestra obediencia a su Palabra al igual que lo hace cuando...

- Imponemos manos sobre los enfermos
- Le honramos en nuestro corazón con alabanza y adoración
- Ungimos a las personas con aceite
- Cuidamos las palabras que salen de nuestra boca

Nuevamente, ¿hay una unción de sanidad sobrenatural cuando ponemos nuestras manos sobre alguien y oramos para recibir un milagro? Claro que sí. ¿Pueden cambiar nuestras circunstancias si levantamos nuestras manos y alabamos a Dios? Por supuesto. ¿Puede Dios hacer un milagro cuando ungimos a alguien con aceite? Claro que puede. ¿Podemos liberar vida o muerte con las palabras que decimos? No cabe duda (véase Proverbios 18:21). ¿Cómo sabemos que estas cosas son reales? Porque Dios así lo dijo en su Palabra.

> *Porque mis pensamientos no son vuestros pensamientos, ni vuestros caminos mis caminos, dijo Jehová. Como son más altos los cielos que la tierra, así son mis caminos más altos que vuestros caminos, y mis pensamientos más que vuestros pensamientos.*
>
> (Isaías 55:8–9)

Si Dios dice: "Confía en mí. Ve a imponer manos sobre el enfermo, alábame en los momentos difíciles, unge a otros con aceite y guarda las palabras de tu boca", ¿podemos también confiar en el mismo Dios cuando nos dice que tomemos su Palabra y la pongamos en los postes de nuestra casa?

Mientras explico estos principios, intento no tan sólo desvelar los secretos que he encontrado sino también responder a algunas de las mismas preguntas que yo tenía cuando comencé por primera vez a descubrir estas enseñanzas bíblicas. Por ejemplo, como esto era algo que se le enseñaba al pueblo de Dios en el Antiguo Testamento, ¿sigue siendo para nosotros hoy? Yo digo que no sólo esta enseñanza sino todas las enseñanzas de Dios siguen siendo para nosotros hoy. Esto es cierto para cada "nuevo" secreto en este libro. Ahora somos una parte de la familia de Israel.

> *Mas no todos obedecieron al evangelio; pues Isaías dice: Señor, ¿quién ha creído a nuestro anuncio? Así que la fe es por el oír, y el oír, por la palabra de Dios. Pero digo: ¿No han oído? Antes bien, por toda la tierra ha salido la voz de ellos, y hasta los fines de la tierra sus palabras.* (Romanos 10:16–18)

> *Hasta que todos lleguemos a la unidad de la fe y del conocimiento del Hijo de Dios, a un varón perfecto, a la medida de la estatura de la plenitud de Cristo.* (Efesios 4:13)

Injertados en ellos

Recuerde: como cristiano, usted ha sido injertado en Israel. Es heredero de las promesas de Abraham, así que cuando hablamos acerca de Israel y las cosas judías, aunque sea usted cristiano, su fe viene de una herencia judía. No importa si es blanco, mulato o negro. No importa cuál sea su denominación. Usted ha sido injertado en Israel y es heredero de las promesas hechas a Abraham.

No importa cuál sea su denominación. Usted ha sido injertado en Israel y es heredero de las promesas hechas a Abraham.

> *Si las primicias son santas, también lo es la masa restante; y si la raíz es santa, también lo son las ramas. Pues si algunas de las ramas fueron desgajadas, y tú, siendo olivo silvestre, has sido injertado en lugar de ellas, y has sido hecho participante de la raíz y de la rica savia del olivo, no te jactes contra las ramas; y si te jactas, sabe que no sustentas tú a la raíz, sino la raíz a ti. Pues las ramas, dirás, fueron desgajadas para que yo fuese injertado. Bien; por su incredulidad fueron desgajadas, pero tú por la fe estás en pie. No te*

> *ensoberbezcas, sino teme. Porque si Dios no perdonó a las ramas naturales, a ti tampoco te perdonará.*
> (Romanos 11:16–21)

En una excelente enseñanza sobre la mezuzá en su libro *Understanding Judaism: A Basic Guide to Jewish Faith, History, and Practice* (Entendiendo el judaísmo: Guía básica para la fe, historia y prácticas judías), el rabino Mordechai Katz dice que es obligatorio que los hombres y las mujeres judíos (y ahora usted también, porque ha sido injertado) tengan una mezuzá en sus postes siempre. La mezuzá dedica oficialmente nuestros aposentos al Altísimo. Al igual que todos los aspectos de nuestras vidas deben ser santificados, también deben ser santificados nuestros hogares. Como la bandera de una embajada, la mezuzá representa la presencia de Dios en un lugar particular en el mundo.

Hay una felicidad sobrenatural que le espera cuando Dios abra sus ojos y desvele los secretos de su reino en los últimos tiempos. En Proverbios 3, dice: *"Bienaventurado el hombre que halla la sabiduría, y que obtiene la inteligencia"* (versículo 13). Bienaventurado es el hombre o la mujer que encuentra sabiduría y obtiene inteligencia. ¿Alguna vez se ha preguntado: "Qué me falta?". Dios me mostró que yo necesitaba *"Adquiere sabiduría, adquiere inteligencia"* (Proverbios 4:5).

> *Y tomarán de la sangre, y la pondrán en los dos postes y en el dintel de las casas en que lo han de comer... Porque Jehová pasará hiriendo a los egipcios; y cuando vea la sangre en el dintel y en los dos postes, pasará Jehová aquella puerta, y no dejará entrar al heridor en vuestras casas para herir.* (Éxodo 12:7, 23)

En la Pascua, Dios le dijo a su pueblo que cuando Él viera la sangre en los postes de sus casas, pasaría de largo y no les destruiría. En la *Mechilta*, un comentario sobre el libro de Éxodo escrito en el tercer siglo, dice: "Ahora piense en esto: la sangre del sacrificio pascual era muy liviana, porque se pidió una sola vez, no para todas las generaciones, y sólo de noche, no de día; sin embargo, Él *'no dejará entrar al heridor... para herir'*. Cuánto más no permitirá Él que el heridor entre en las casa que tengan una mezuzá, que tiene mayor peso, ya que el Nombre Divino se repite ahí diez veces, está ahí de día y de noche y es una ley para todas las generaciones".

Si añadimos a nuestra fe en la sangre de Jesús este conocimiento oculto de obedecer a Dios escribiendo su nombre diez veces en los postes de nuestros hogares, experimentaremos una protección sobrenatural. Inmediatamente después de que Dios les dijera a sus hijos que pusieran su Palabra en los postes de sus casas, prometió *"para que sean vuestros días, y los días de vuestros hijos, tan numerosos sobre la tierra que Jehová juró a vuestros padres que les había de dar, como los días de los cielos sobre la tierra"* (Deuteronomio 11:21).

Algo sobrenatural ocurre cuando obedecemos a Dios. No lo entendemos; simplemente sabemos que si Dios nos dice que lo hagamos, y obedecemos, Él siempre respaldará su Palabra. Ocurre lo mismo con la mezuzá. No entiendo cómo, pero sé que funciona.

> *¿Quién ha edificado casa nueva, y no la ha estrenado* [con una mezuzá]? *Vaya, y vuélvase a su casa, no sea que muera en la batalla, y algún otro la estrene.*
>
> (Deuteronomio 20:5)

Usted está en una batalla. Es una batalla por su familia, sus hijos, sus finanzas y su salud. Cuando pone la Palabra de Dios en los postes de su casa, Dios dice: "El enemigo no podrá herirte. Serás bendecido en tu entrada y tu salida". Aunque tenemos a Jesús en nuestro corazón, aún necesitamos diezmar nuestro 10 por ciento, aún necesitamos guardar nuestras palabras, aún necesitamos gozarnos en el Señor siempre, y aún necesitamos poner la Palabra de Dios en los postes de nuestro hogar. No tenemos que hacer ninguna de estas cosas a menos que queramos ganar la batalla.

Porque no tenemos lucha contra sangre y carne, sino contra principados, contra potestades, contra los gobernadores de las tinieblas de este siglo, contra huestes espirituales de maldad en las regiones celestes.
(Efesios 6:12)

Por esta causa, las armas que usamos no son carnales, sino poderosas.

Porque las armas de nuestra milicia no son carnales, sino poderosas en Dios para la destrucción de fortalezas. (2 Corintios 10:4)

Cuando fije la mezuzá en sus postes, debe hacerlo en la parte superior derecha. ¿Por qué? *"Jehová es tu guardador; Jehová es tu sombra a tu mano derecha"* (Salmos 121:5).

El Talmud cuenta la siguiente historia. El último rey parto, Ardavan IV, envió una perla con el brillo más puro a un rabino llamado Yehudah HaNasi. Con ello, el rey pedía que el rabino le enviara algo a cambio igualmente precioso. HaNasi le envió una mezuzá. Ardavan envió una carta como respuesta: "Yo le envié algo de un valor incalculable, ¡y usted me has enviado algo que se puede comprar con una moneda devaluada!". HaNasi respondió: "Las cosas que yo deseo y las que su majestad desea no se pueden comparar. Usted me envió algo que yo debo guardar, mientras que yo le envié algo que le guardará mientras usted duerme. Como está escrito: *'Te guiarán cuando andes; cuando duermas te guardarán'* (Proverbios 6:22)".

Rabbeinu Bachya escribe:

Para impartir en nuestros corazones el principio de que la protección divina cubre a Israel en todo tiempo, día y noche, la Torá nos ha mandado poner la mezuzá en la entrada de nuestros hogares. Así recordaremos este principio de protección divina siempre que entremos en una casa, y nos acordaremos de que esta protección está constantemente con nosotros. Incluso de noche, su protección rodea nuestra casa y nos protege mientras dormimos.[3]

La antigua sabiduría judía nos dice que Dios es supremo por encima de todo y reina sobre los seis linderos del universo: arriba, abajo, norte, sur, este y oeste. De igual forma, el salmista menciona las seis formas en que Dios nos protege:

> *He aquí, no se adormecerá ni dormirá el que guarda a Israel. Jehová es tu guardador; Jehová es tu sombra a tu mano derecha. El sol no te fatigará de día, ni la luna de noche. Jehová te guardará de todo mal; Él guardará tu alma. Jehová guardará tu salida y tu entrada desde ahora y para siempre.* (Salmos 121:4–8)

Respecto a su casa o negocio, Dios dice:

> *Esta es puerta de Jehová; por ella entrarán los justos.* (Salmos 118:20)

Otro famoso rabino escribió que, a diferencia de los mandamientos, como honrar a nuestros padres, por lo cual se promete largura de días como recompensa, el acto de fijar una mezuzá no nos hace cosechar una recompensa de protección futura, sino una inmediata.

El acto de fijar una mezuzá no nos hace cosechar una recompensa de protección futura, sino una inmediata.

En este momento, probablemente esté pensando: *Larry, ¿realmente cree que ocurrirá algo sobrenatural si ponemos una mezuzá, la Palabra de Dios, en los postes de nuestra casa?* ¡Sin lugar a duda! Al igual que creo que Dios honrará su Palabra cuando, por fe, pagamos nuestros diezmos, imponemos manos sobre los enfermos y guardamos las palabras de nuestra boca. Nunca ocurre nada debido a un ritual religioso, sino a través de la revelación. Dios dijo: *"Sed hacedores de la palabra, y no tan solamente oidores"* (Santiago 1:22). Si Dios

[3] Alexander Poltorak, "The Protective Power of Mezuzah", www.chabad.org/library/article_cdo/aid/310889.

dice: *"Regocijaos en el Señor siempre"* (Filipenses 4:4), deberíamos hacerlo. Si nos dice que llevemos una ofrenda tres veces al año para que Él pueda abrir las ventanas del cielo sobre nuestras vidas, yo digo: "¡Hagámoslo!". De igual forma, si Él nos dice que escribamos su Palabra *"en los postes de tu casa"* (Deuteronomio 11:20), de nuevo digo: "¡Hagámoslo!". Creámosle a Dios cuando promete: *"Guardará tu salida y tu entrada desde ahora y para siempre"* (Salmos 121:8). Creámosle cuando promete que nos dará prosperidad y salud y protegerá a nuestros hijos del enemigo. Hagámoslo. ¡Comencemos a caminar cada día en la protección y las promesas de Dios!

> *Y me dijo Jehová: Bien has hecho; porque yo apresuro mi palabra para ponerla por obra.* (Jeremías 1:12)

Dios no sólo es fiel a su Palabra, sino que también ¡se *"apresuro... para ponerla por obra"*! Le hablé una vez al erudito de la Biblia, el rabino David Lapin de otro rabino que había conocido. Este otro rabino me había dicho: "Visité su página Web. ¿Por qué enseña sobre el Sabbat, el talit y las mezuzás?". Me encanta cómo me respondió el Rabino Lapin. Me dijo: "La próxima vez que un rabino le pregunte por qué está enseñando sobre estas cosas, pregúntele: '¿Por qué no lo está haciendo usted?'".

Mi oración es que sus ojos sean abiertos, para que sea uno de los "hijos de milagros", y que, a través de la bendición del poder de Dios en su vida, atraiga a las multitudes a Él.

10

Modeh ani: El timón de su día

Los primeros diez minutos de su mañana pueden cambiar el curso de su día.

No es ningún secreto que, como hijos de Dios, debiéramos orar cada día. Es más, debiéramos comenzar cada día con oración.

> *Si se humillare mi pueblo, sobre el cual mi nombre es invocado, y oraren, y buscaren mi rostro, y se convirtieren de sus malos caminos; entonces yo oiré desde los cielos, y perdonaré sus pecados, y sanaré su tierra.*
> (2 Crónicas 7:14)

Como cristianos, sabemos que Dios nos llama a frenar, detener lo que estamos haciendo y tomar tiempo para hablar con Él; pero aun así, demasiadas veces no pareciéramos capaces de encontrar el tiempo en nuestros frenéticos horarios para pasar un tiempo de calidad con el Señor.

> *Vino luego* [Jesús] *a sus discípulos, y los halló durmiendo, y dijo a Pedro: ¿Así que no habéis podido velar conmigo una hora?* (Mateo 26:40)

La mayoría somos mamás o papas; esposos y esposas; personas con trabajos, empresas y familias que atender. ¿Cómo podríamos cargar con las responsabilidades de todos estos roles y además encontrar tiempo para orar?

Hemos leído versículos como Mateo 26:40 y nos ha motivado a decir: “Señor, tienes razón. Voy a apartar una hora todas las mañanas para orar”. Y aunque queremos hacerlo en ese momento, la realidad entra en escena y la alarma se apaga. Entonces, nos apresuramos a prepararnos para el trabajo, tenemos que levantar a los niños, vestirles y alimentarles; asegurarnos de que se han cepillado sus dientes y que se han peinado; y mandarles a la escuela a tiempo. Más tarde, entramos en el transporte compartido, prácticas, ensayos, la cena, tareas, baños y tiempo de acostarse. Sin darnos cuenta, se ha pasado el día y estamos agotados.

La mayoría de nosotros con gusto oraríamos una hora cada día si Dios nos diera veintisiete horas al día en lugar de sólo veinticuatro. Como pastor, tengo la bendición de tener un trabajo que me obliga a orar y pasar tiempo en la Palabra de Dios. Pero incluso así, todos los pastores conocen el sentimiento de estar tan ocupado *trabajando* para Dios que es difícil encontrar tiempo para *hablar* con Dios.

No hace mucho tiempo, mientras me preparaba para enseñar sobre la revelación hebrea de la oración, leí un artículo llamado “El timón del día”, por Yaakov Lieder.[4] Era un estudio que terminaba con la conclusión de que los primeros minutos tras despertarnos son el “timón” de nuestro día. Esos minutos determinan el bosquejo y la dirección del resto de nuestro día. No estaba hablando sobre las veces en que hemos estado despiertos un rato y nos hemos duchado, vestido y tomado el desayuno. Decía que los pensamientos iniciales que pasan por nuestra mente nada más despertarnos deciden nuestros pensamientos y actos para el resto del día. Determinan si tendremos un día positivo o negativo, un día productivo o un día desperdiciado.

[4]www.chabad.org/library/article_cdo/aid/36277.

No comas pan de hombre de mal ojo, ni codicies sus manjares: porque cual es su pensamiento en su alma, tal es él. Come y bebe, te dirá; mas su corazón no está contigo. (Proverbios 23:6–7, RVA)

Otras traducciones dicen: *"No comas pan con el avaro"* (RVR), pero me gusta más la traducción *"No comas pan de hombre de mal ojo"*. No coma con personas que ven todo lo negativo del mundo. Lo que usted piensa en su corazón se reproducirá en su día. Según este estudio, aquello en lo que usted se enfoca al despertarse establece el rumbo, como un timón que guía un barco durante una tormenta y lo lleva seguro a puerto para que no choque contra las rocas. Así, es importante que no se apresure a ver las noticias tan pronto como se despierte. En estos días en que vivimos, las noticias que ve en televisión, en la radio y en la Internet muy raras veces son buenas noticias.

Aquello en lo que usted se enfoca al despertarse establece el rumbo, como un timón que guía un barco durante una tormenta y lo lleva seguro a puerto para que no choque contra las rocas.

Cuando yo era un adolescente, un amigo mío se cayó por un terraplén que habíamos estado escalando. La caída le dañó severamente la pierna. Dos de los que estábamos allí comenzamos a usar nuestro entrenamiento de Boy Scouts y cortamos la hemorragia para poder sacarle del bosque y llevarle al hospital. Los doctores dijeron que lo que hicimos en esos primeros minutos no sólo salvó su pierna sino también su vida. Su padre pidió al periódico local que hiciera un reportaje de cómo algunos adolescentes salvaron una vida; algo bueno sobre los adolescentes, para poner algo diferente. Nunca olvidaré lo que ese hombre del periódico le dijo: "Las buenas noticias no venden".

Si lo primero que hace en la mañana es encender las noticias, probablemente oirá historias sobre guerras, terremotos, accidentes, asesinatos, escándalos políticos, asuntos de negocios que se han hundido y los índices de intereses, o la caída en picado del valor de su hogar. Si no hay noticias locales suficientes para informar, puede estar seguro de que los equipos de reporteros viajarán lejos para conseguir suficientes malas noticias como para que su día empiece de una forma negativa.

Según el artículo de Yaakov Lieder, el consejo de los investigadores era "despertarse con algo de música tranquila, hacer una oración y leer algo de literatura positiva, llenando así los primeros diez minutos de su día con pensamientos positivos".[5]

Por supuesto, hay incluso una forma mejor de poner su timón espiritual en el agua.

Modeh ani

La antigua sabiduría judía lo llama *modeh ani*. Significa "Reconozco", o "Doy gracias", y cambiará su día y su vida. Así es como funciona:

En el momento de despertarse, haga una oración como esta:

> *Te doy gracias, Rey vivo y eterno, porque has restaurado mi alma dentro de mí; ¡grande es tu fidelidad!*

O, fonéticamente, en hebreo:

> *Modeh anee lifanecha melech chai vikayam, she-hechezarta bee nishmatee b'cherila, raba emunatecha.*

Antes de poner los pies en el piso cada mañana, mis primeros pensamientos y palabras son de alabanza a Dios. Quizá se pregunte: "Larry, ¿por qué puedo alabar a Dios?". Bueno, en primer lugar por la vida; ¡está usted vivo, gloria a Dios! Pero también le alaba por todos los planes que Él tiene para usted en ese día. La antigua sabiduría judía enseña que mientras dormimos, Dios está renovando nuestra alma y espíritu.

---

[5]www.chabad.org/library/article_cdo/aid/36277.

> *En paz me acostaré, y asimismo dormiré; porque solo tú, Jehová, me haces vivir confiado.* (Salmos 4:8)

He aprendido a comenzar mi viaje diario espiritualmente haciendo que mis primeras palabras y pensamientos sean de alabanza: "Modeh ani". Hay veces en que me despierto y comienzo a levantarme de la cama, pero después me detengo, me vuelvo a meter bajo las sábanas y comienzo a alabar a Dios. Le alabo por la vida y por los grandes planes que Él tiene para mí. Le alabo por mi esposa Tiz, por mis hijos y por los "dulces": mis nietos. Le alabo por su bondad y sus bendiciones, y antes de pisar el piso, comienzo a entrar en las bendiciones y milagros que Él tiene para mí a través de la alabanza y la acción de gracias.

> *Entrad por sus puertas con acción de gracias, por sus atrios con alabanza; alabadle, bendecid su nombre.*
> (Salmos 100:4)

Comience su día con buenas noticias, ¡no con malas!

Después de tomarme unos minutos para alabar al Señor y darle gracias por sus planes para mí hoy, estoy listo para salir de la cama y comenzar mi mañana. Me sigo refrenando de encender la televisión o la radio. La mayoría de los días, soy el primero que se levanta en mi casa, pero aunque no sea así, busco un lugar donde pueda estar a solas. Antes de comenzar mis oraciones personales, leo las Escrituras que la antigua sabiduría judía nos dice que comencemos el día leyendo.

> *Oye, Israel: Jehová nuestro Dios, Jehová uno es. Y amarás a Jehová tu Dios de todo tu corazón, y de toda tu alma, y con todas tus fuerzas. Y estas palabras que yo te mando hoy, estarán sobre tu corazón; y las repetirás a tus hijos, y hablarás de ellas estando en tu casa, y andando por el camino, y al acostarte, y cuando te levantes. Y las atarás como una señal en tu mano, y estarán como frontales entre tus ojos; y las*

escribirás en los postes de tu casa, y en tus puertas.
(Deuteronomio 6:4–9)

Si obedeciereis cuidadosamente a mis mandamientos que yo os prescribo hoy, amando a Jehová vuestro Dios, y sirviéndole con todo vuestro corazón, y con toda vuestra alma, yo daré la lluvia de vuestra tierra a su tiempo, la temprana y la tardía; y recogerás tu grano, tu vino y tu aceite. Daré también hierba en tu campo para tus ganados; y comerás, y te saciarás. Guardaos, pues, que vuestro corazón no se infatúe, y os apartéis y sirváis a dioses ajenos, y os inclinéis a ellos; y se encienda el furor de Jehová sobre vosotros, y cierre los cielos, y no haya lluvia, ni la tierra dé su fruto, y perezcáis pronto de la buena tierra que os da Jehová. Por tanto, pondréis estas mis palabras en vuestro corazón y en vuestra alma, y las ataréis como señal en vuestra mano, y serán por frontales entre vuestros ojos. Y las enseñaréis a vuestros hijos, hablando de ellas cuando te sientes en tu casa, cuando andes por el camino, cuando te acuestes, y cuando te levantes, y las escribirás en los postes de tu casa, y en tus puertas; para que sean vuestros días, y los días de vuestros hijos, tan numerosos sobre la tierra que Jehová juró a vuestros padres que les había de dar, como los días de los cielos sobre la tierra.
(Deuteronomio 11:13–21)

Y Jehová habló a Moisés, diciendo: Habla a los hijos de Israel, y diles que se hagan franjas en los bordes de sus vestidos, por sus generaciones; y pongan en cada franja de los bordes un cordón de azul. Y os servirá de franja, para que cuando lo veáis os acordéis de todos los mandamientos de Jehová, para ponerlos por obra; y no miréis en pos de vuestro corazón y de vuestros ojos, en pos de los cuales os prostituyáis. Para que os acordéis, y hagáis todos mis mandamientos, y seáis santos a vuestro Dios. Yo Jehová vuestro Dios, que os saqué de la tierra de Egipto, para ser vuestro Dios. Yo Jehová vuestro Dios. (Números 15:37–41)

Estos son algunos de los pasajes que se nos enseña a leer lo primero de todo cada mañana. No sólo debemos leerlos, sino también hacer de ellos una oración. Son la Palabra de Dios, y la oración hace que cobren vida para nosotros. En lo personal, me gusta leer una porción más larga de Deuteronomio 6.

Estos, pues, son los mandamientos, estatutos y decretos que Jehová vuestro Dios mandó que os enseñase, para que los pongáis por obra en la tierra a la cual pasáis vosotros para tomarla; para que temas a Jehová tu Dios, guardando todos sus estatutos y sus mandamientos que yo te mando, tú, tu hijo, y el hijo de tu hijo, todos los días de tu vida, para que tus días sean prolongados. Oye, pues, oh Israel, y cuida de ponerlos por obra, para que te vaya bien en la tierra que fluye leche y miel, y os multipliquéis, como te ha dicho Jehová el Dios de tus padres. Oye, Israel: Jehová nuestro Dios, Jehová uno es. Y amarás a Jehová tu Dios de todo tu corazón, y de toda tu alma, y con todas tus fuerzas. Y estas palabras que yo te mando hoy, estarán sobre tu corazón; y las repetirás a tus hijos, y hablarás de ellas estando en tu casa, y andando por el camino, y al acostarte, y cuando te levantes. Y las atarás como una señal en tu mano, y estarán como frontales entre tus ojos; y las escribirás en los postes de tu casa, y en tus puertas. Cuando Jehová tu Dios te haya introducido en la tierra que juró a tus padres Abraham, Isaac y Jacob que te daría, en ciudades grandes y buenas que tú no edificaste, y casas llenas de todo bien, que tú no llenaste, y cisternas cavadas que tú no cavaste, viñas y olivares que no plantaste, y luego que comas y te sacies, cuídate de no olvidarte

> *de Jehová, que te sacó de la tierra de Egipto, de casa de servidumbre.* (Deuteronomio 6:1–12)

Después de Dios, lo más importante en vida es mi familia. En el versículo 2 de este pasaje, proclamo que mis hijos, mis nietos y yo serviremos a Dios toda nuestra vida. En lugar de comenzar mi día escuchando acerca de divorcios, adulterio, abuso y otros problemas, lleno mis pensamientos con la Palabra de Dios, que dice que toda mi familia le servirá. Moisés dijo: *"Y amarás a Jehová tu Dios de todo tu corazón, y de toda tu alma, y con todas tus fuerzas. Y estas palabras que yo te mando hoy, estarán sobre tu corazón; y las repetirás a tus hijos, y hablarás de ellas estando en tu casa, y andando por el camino, y al acostarte, y cuando te levantes"* (versículos 5–7). Después, cuando despierte a sus hijos para ir a la escuela, se levantarán con un espíritu de paz y bendición.

> *Yo daré la lluvia de vuestra tierra a su tiempo, la temprana y la tardía; y recogerás tu grano, tu vino y tu aceite.* (Deuteronomio 11:14)

En lugar de obsesionarse con las funestas predicciones económicas, los índices de desempleo y la ejecución hipotecaria de la casa, ¡se podrá concentrar en la promesa de Dios de que su lluvia de bendición está de camino y su cosecha está lista!

Dios dice: "Yo *daré* la lluvia, y tú *recogerás* tu grano, tu vino y tu aceite". En lugar de obsesionarse con las funestas predicciones económicas, los índices de desempleo y la ejecución hipotecaria de la casa, ¡se podrá concentrar en la promesa de Dios de que su lluvia de bendición está de camino y su cosecha está lista!

Tardará sólo unos diez minutos cada mañana en leer y orar estos versículos, y según los investigadores, ese es el tiempo que se necesita para que su día sea un éxito en lugar de un fracaso, sea positivo en lugar de negativo, y para ganar en lugar de perder. Eso es lo que se tarda en tomar el timón de su barco para salvar las orillas rocosas hasta llegar a las aguas tranquilas y pacíficas.

Por supuesto, sus oraciones no tienen que detenerse ahí; a fin de cuentas, el apóstol Pablo nos dijo: *"Orad sin cesar"* (1 Tesalonicenses 5:17), pero esta es la forma de Dios de ponerle en la dirección correcta, hacia el plan positivo y victorioso que Él tiene para su vida.

Recuerdo que una mañana estábamos Tiz y yo buscando un nuevo edificio para nuestra iglesia aquí en Dallas. Habíamos estado buscando a Dios en oración, diciéndole: "Señor, ¿edificamos? ¿Debemos comprar? Señor, ¿qué tienes para nosotros?". Unos días antes, habíamos visto una iglesia muy bonita que tenía todo lo que necesitábamos. Al despertarme esa mañana, mis primeros pensamientos fueron para ese nuevo edificio: *¿Cómo vamos a hacerlo? ¿Qué ocurre si algo sale mal?*

Inmediatamente, el diablo intentó que mi día comenzara con pensamientos negativos. Yo sabía que los pensamientos de temor y fracaso no vienen de Dios, sino del diablo, quien *"no viene sino para hurtar y matar y destruir"* (Juan 10:10) los sueños y visiones que Dios tiene para mi vida. Así, antes de poner los pies en el piso para empezar mi día, me preparé para derrotar al diablo por medio de la alabanza. Mientras aún estaba en la cama, comencé a alabar a Dios. Le alabé por ser *Jehová-Yiré*: quien me provee. Le alabé por hacerme más que vencedor (véase Romanos 8:37). Le alabé porque sabía que si Él estaba conmigo, ¿quién estaría contra mí? (Véase Romanos 8:31). Le alabé por prometerme que todo aquello sobre lo que pongo mis manos, Él hará que prospere (véase Deuteronomio 28:8). Después de unos pocos minutos, en lugar de levantarme tambaleándome y lleno de temor y preocupación, comencé mi día lleno del Espíritu de Dios.

Después, leí Deuteronomio 6:10–11:

Cuando Jehová tu Dios te haya introducido en la tierra que juró a tus padres Abraham, Isaac y Jacob que te daría, en ciudades grandes y buenas que tú no edificaste, y casas llenas de todo bien, que tú no llenaste, y cisternas cavadas que tú no cavaste, viñas y olivares que no plantaste, y luego que comas y te sacies....

¿Se da cuenta de lo que Dios me dijo? *"Cuando Jehová tu Dios te haya introducido"*. Ciudades grandes y hermosas, casas llenas de cosas buenas, pozos, viñas y olivares, para *"que comas y te sacies"*. Servimos al Dios del más que suficiente, un Dios de medida buena, apretada, remecida y rebosando. Me encanta eso. No importa lo que ocurra en las noticias, ¡usted y yo servimos a un Dios que rebosa!

Permítame compartir cómo Dios respondió a las oraciones de un hombre de nuestra iglesia. La esposa de ese señor recientemente había sufrido una intervención quirúrgica de espalda, y aunque se estaba recuperando, aún seguía de baja laboral. Después, su esposo se puso malo y no pudo trabajar. Eso produjo una gran merma en la economía de esta familia. Llegó el momento en que necesitaron mil dólares al final de la semana a fin de poder pagar la renta. Sólo quedaban unos días para la fecha máxima permitida, así que este hombre nos envió un correo electrónico pidiéndonos que nos pusiéramos de acuerdo con él en oración para recibir un milagro de Dios de provisión. En su correo, el hombre decía que se acordaba de la enseñanza que expuse un día sobre *modeh ani*. Se acordaba de que había citado un estudio que sugería que los primeros diez minutos de la mañana fijaban el rumbo para el resto del día. Se acordaba de que yo había dicho que debíamos orar independientemente de nuestras circunstancias. Como ese día se llevó una tarjeta que habíamos hecho en la iglesia que tenía escritas las oraciones de *modeh ani*, el hombre pensó: *No tengo nada que perder.*

Este hombre estaba lleno de alabanza y agradecimiento cuando me informó que justamente antes de salir de su casa para ir a trabajar, revisó su cuenta bancaria y encontró que el ingreso de su nómina era de dos mil dólares más de la cantidad habitual. ¡Había recibido una paga inesperada! Este hombre estaba agradecido a Dios y doblemente agradecido de que le hubiéramos enseñado que nuestro Dios es un buen Dios, ¡y que su plan para nosotros es que experimentemos su bondad diariamente!

La sabiduría del gallo

Debemos comenzar cada día dándole gracias a Dios. En la antigua sabiduría judía, hay un dicho que me encanta sobre el gallo. La enseñanza nos dice que debemos darle gracias a Dios por dar al gallo el entendimiento para distinguir entre el día y la noche. Aunque la mayoría de nosotros no vivimos con gallos en estos tiempos, los gallos solían ser los despertadores naturales. ¡Qué formidable que Dios le diera al hombre una manera de despertarse mucho antes de que se inventaran los relojes y la electricidad! ¿Por qué una oración especial con relación al gallo? No es tan difícil saber la diferencia entre la luz y la oscuridad, el día en la noche, pero hasta que no entendamos *cuándo* es el momento en que el gallo canta, no podremos entender lo que Dios nos está enseñando.

No sería una gran hazaña si el gallo viera la luz de la mañana irrumpiendo en la oscuridad como señal para comenzar a cantar, pero no es así como ocurre. Los gallos cantan *antes* de ver la luz. Sienten que el amanecer está a punto de surgir y que la luz está a punto de abrirse paso para disipar la oscuridad. Es entonces cuando comienzan a cantar.

La antigua sabiduría judía dice que una persona sabia aprenderá del gallo. Sabemos que la oscuridad es sólo temporal, no permanente, y que la luz de Dios siempre está de camino. El gallo es un ejemplo de cómo deberíamos comenzar cada día: con un corazón lleno de gozo, esperanza y fe. El gallo nos enseña a ver, declarar y celebrar las bendiciones de Dios aun antes de que las podamos ver. Qué forma tan buena de expresar nuestro *modeh ani.*

Uno de los miembros de nuestra iglesia oraba siempre fielmente declarando la misma cobertura sobre su hija que yo hacía sobre la iglesia cada domingo. Cada día, este hombre comenzaba a orar por su hija. Un día, su hija sufrió un ataque y se desmayó mientras iba al volante de su automóvil, conduciendo en dirección a Oklahoma. Y eso no es todo; resulta que iba con el control de crucero en el automóvil y viajaba a unos 110 km por hora. Imagine lo que es desmallarse en un auto que va a esa velocidad sin nadie al volante y sin frenar. Ella se despertó en el hospital con unos cuantos hematomas pero sin cortes ni huesos rotos. Estuvo dolorida unos días, pero aparte de eso, estaba en perfecto estado. ¿Tiene Dios una cobertura para proteger a nuestros hijos? ¡Sí! Este padre sabe que, como ora diariamente por su hija, su Padre celestial la protegió milagrosamente.

Todas las mañanas deberíamos usar el timón de Dios para fijar el curso de nuestras vidas en la dirección correcta. Se tarda sólo diez minutos, así que en lugar de saltar de la cama, deambular un rato, gritarle a sus hijos y encender las malas noticias, comience su día en la paz y bendición de Dios, *modeh ani*, para que pueda seguir así hasta que amanezca un nuevo día. "Señor, ¡te doy gracias!" deberían ser las primeras palabras en salir de su boca cada mañana.

Jesús dijo: *"Otra vez os digo, que si dos de vosotros se pusieren de acuerdo en la tierra acerca de cualquiera cosa que pidieren, les será hecho por mi Padre que está en los cielos"* (Mateo 18:19). Su lluvia está de camino; su cosecha está lista; su casa se llenará de *toda* cosa buena; cosechará *todas* las promesas de Dios; usted, sus hijos y sus nietos servirán al Señor toda su vida.

Para ayudarle a empezar su día con el *modeh ani* de tal forma que bendiga su vida y su casa, he incluido estas sencillas instrucciones.

Modeh ani:
Comience su día con alabanza y agradecimiento

Los cuatro pasos siguientes son para guiarle a empezar su día. Están extraídos de las antiguas enseñanzas y tradiciones judeocristianas. Cada oración está hecha en español y en fonética hebrea. Cuando siga estos pasos al comenzar su día, liberará la presencia, el poder y las promesas de Dios sobre usted, su familia, su salud, sus finanzas y su futuro. Esos primeros diez minutos ¡tienen el poder de cambiar su destino para siempre!

1. Comience cada mañana orando: "Modeh ani".

Te doy gracias, Rey vivo y eterno, porque has restaurado mi alma dentro de mí; tu fidelidad es grande.

Modeh anee lifanecha melech chai vikayam, she-he-chezarta bee nishmatee b'cherila, raba emunatecha.

Antes de poner los pies en el piso, nuestras primeras palabras cada mañana son "Modeh ani", literalmente: "Te doy gracias". Esta oración especial expresa aprecio a nuestro Padre porque *"este es el día que hizo Jehová"* (Salmos 118:24). Esta oración establece el fundamento para todo el día porque estamos entrando en la presencia de Dios con alabanza y acción de gracias.

2. Lave sus manos.

Bendito eres tú, Señor, Dios nuestro, Rey del universo, que nos has santificado con tus mandamientos y ordenanzas con respecto al lavado de manos.

Baruch atoh Adonoi Eloheinu melech hoolom asher kideshanu bemitzvosov vitzivonu al netilat yadayim.

La oración *modeh ani* está seguida del lavamiento de las manos, algo que, en la antigua sabiduría, es una forma de bautismo. El ritual simboliza el hecho de "nacer de nuevo" espiritualmente para poder empezar el día con un nuevo comienzo y sin ninguna limitación natural. Este lavamiento con agua renueva nuestra mente y rompe cualquier contacto con errores del pasado.

3. Envuélvase en el talit.

Bendito eres tú, Señor, Dios nuestro, Rey del universo, que nos has santificado con tus mandamientos y ordenanzas para envolvernos con el talit.

Baruch atoh Adonoy Elohainu melech hoolom asher kidshanu bemitzvosov vitzivonu l'hitatef b'tzitzit.

Después de orar el modeh ani y lavarse las manos, debe cubrirse bajo el talit (un manto de oración hebreo), un poderoso símbolo bíblico de fe y oración. Como discutimos en el capítulo 8, Jesús llevaba un talit, el cual se convirtió en un punto de contacto para sanar a muchos enfermos. Hoy día, esta prenda especial sigue teniendo un papel importante en la manifestación del poder sanador y las promesas de Dios. Al envolverse en el talit, usted entra en el lugar secreto, en el abrigo del Altísimo, su Lugar Santísimo personal. En este lugar es donde usted oye la voz de Dios, el enemigo permanece callado y no puede causar en usted ninguna duda o confusión.

4. Pronuncie el Shema.

Escucha, Israel, el Señor es nuestro Dios, uno es el Señor.

Sh'ma Yis'ra'eil Adonai Eloheinu Adonai echad.

El *Shema* es la declaración de fe diaria en el judaísmo y se recita bajo el talit. Esta poderosa declaración de unidad expresa su lealtad a Dios, a la Torá, a Israel y a todos los principios, valores y mandamientos de la Biblia. Al pronunciarla, se acostumbra a poner su mano dominante sobre sus ojos como señal de enfoque y humildad. Se deben leer estos tres pasajes.

1) Deuteronomio 6:4–9

Oye, Israel: Jehová nuestro Dios, Jehová uno es. Y amarás a Jehová tu Dios de todo tu corazón, y de toda tu alma, y con todas tus fuerzas. Y estas palabras que yo te mando hoy, estarán sobre tu corazón; y las repetirás a tus hijos, y hablarás de ellas estando en tu casa, y andando por el camino, y al acostarte, y cuando te levantes. Y las atarás como una señal en tu mano, y estarán como frontales entre tus ojos; y las escribirás en los postes de tu casa, y en tus puertas.

2) Deuteronomio 11:13–21

Si obedeciereis cuidadosamente a mis mandamientos que yo os prescribo hoy, amando a Jehová vuestro Dios, y sirviéndole con todo vuestro corazón, y con toda vuestra alma, yo daré la lluvia de vuestra tierra a su tiempo, la temprana y la tardía; y recogerás tu grano, tu vino y tu aceite. Daré también hierba en tu campo para tus ganados; y comerás, y te saciarás. Guardaos, pues, que vuestro corazón no se infatúe, y os apartéis y sirváis a dioses ajenos, y os inclinéis a ellos; y se encienda el furor de Jehová sobre vosotros, y cierre los cielos, y no haya lluvia, ni la tierra dé su fruto, y perezcáis pronto de la buena tierra que os da Jehová. Por tanto, pondréis estas mis palabras en vuestro corazón y en vuestra alma, y las ataréis como señal en vuestra mano, y serán por frontales entre vuestros ojos. Y las enseñaréis a vuestros hijos, hablando de ellas cuando te sientes en tu casa, cuando andes por el camino, cuando te acuestes, y cuando te levantes, y las escribirás en los postes de tu casa, y en tus puertas; para que sean vuestros días, y los días de vuestros hijos, tan numerosos sobre la tierra que Jehová juró a vuestros padres que les había de dar, como los días de los cielos sobre la tierra.

3) Números 15:37–41

Y Jehová habló a Moisés, diciendo: Habla a los hijos de Israel, y diles que se hagan franjas en los bordes de sus vestidos, por sus generaciones; y pongan en cada franja de los bordes un cordón de azul. Y os servirá de franja, para que cuando lo veáis os acordéis de todos los mandamientos de Jehová, para ponerlos por obra; y no miréis en pos de vuestro corazón y de vuestros ojos, en pos de los cuales os prostituyáis. Para que os acordéis, y hagáis todos mis mandamientos, y seáis santos a vuestro Dios. Yo Jehová vuestro Dios, que os saqué de la tierra de Egipto, para ser vuestro Dios. Yo Jehová vuestro Dios.

11

El bautismo y el Espíritu de Dios

Sepa, pues, ciertísimamente toda la casa de Israel, que a este Jesús a quien vosotros crucificasteis, Dios le ha hecho Señor y Cristo. Al oír esto, se compungieron de corazón, y dijeron a Pedro y a los otros apóstoles: Varones hermanos, ¿qué haremos? Pedro les dijo: Arrepentíos, y bautícese cada uno de vosotros en el nombre de Jesucristo para perdón de los pecados; y recibiréis el don del Espíritu Santo. Porque para vosotros es la promesa, y para vuestros hijos, y para todos los que están lejos; para cuantos el Señor nuestro Dios llamare. (Hechos 2:36–39)

Quería comenzar con este pasaje porque frecuentemente se usa en el llamado a ser bautizado. Como cristianos, sabemos que después de que acudimos a Dios, una de las primeras cosas que debemos hacer es bautizarnos.

Para entender bien lo que es el bautismo, primero debemos entender lo que no es. El bautismo no es un requisito para unirse a una iglesia. El bautismo tampoco es un foro público para mostrarle al mundo una señal externa de la obra interna del arrepentimiento de los pecados. No es una manera de declarar públicamente que ahora uno sirve a Dios.

Leamos el bautismo más significativo en las Escrituras:

Entonces Jesús vino de Galilea a Juan al Jordán, para ser bautizado por él. Mas Juan se le oponía, diciendo:

> *Yo necesito ser bautizado por ti, ¿y tú vienes a mí? Pero Jesús le respondió: Deja ahora, porque así conviene que cumplamos toda justicia. Entonces le dejó. Y Jesús, después que fue bautizado, subió luego del agua; y he aquí los cielos le fueron abiertos, y vio al Espíritu de Dios que descendía como paloma, y venía sobre él. Y hubo una voz de los cielos, que decía: Este es mi Hijo amado, en quien tengo complacencia.*
>
> (Mateo 3:13–17)

¿Por qué tuvo que bautizarse Jesús? No cabe duda de que no fue para formar parte de ninguna iglesia; Jesús no se estaba uniendo a nada. No fue una señal externa de una obra interna de arrepentimiento de pecados; Jesús *"no conoció pecado"* (2 Corintios 5:21). Entonces, ¿por qué tuvo Jesús que ser bautizado? Y por consiguiente, ¿por qué tenemos nosotros que bautizarnos? Quizá le sorprenda la respuesta.

Primero, tenemos que entender que el bautismo no comenzó con el cristianismo.

> En la literatura rabínica, se hacía referencia al agua del bautismo (mikveh) como el útero del mundo, y cuando un convertido salía del agua era considerado un nuevo nacimiento que le separaba del mundo pagano. Cuando el convertido salía de estas aguas, su condición había cambiado y se hacía alusión a él como "un bebé que acaba de nacer" o "un bebé de un día" (Yeb. 22a; 48b; 97b). Vemos el Nuevo Testamento usando términos judíos similares como "nacer de nuevo", "nueva criatura" y "nacido del cielo"....[6]
>
> El venerado erudito judío del siglo XII Maimonides dijo:
>
> Israel entró en el pacto por tres cosas: la circuncisión, el bautismo y el sacrificio... Cuando un gentil está dispuesto a entrar en el pacto... debe circuncidarse,

---

[6]Ron Moseley, Ph.D., "The Jewish Background of Christian Baptism" (publicado originalmente en *The Tree of Life* magazine), http://www.bebaptized.org/Jewishroots.htm.

> bautizarse y ofrecer un sacrificio... El gentil que se hace prosélito y el esclavo que consigue la libertad, son como un niño nacido de nuevo.[7]

Usted ya ha sido circuncidado en su corazón. *"Sino que es judío el que lo es en lo interior, y la circuncisión es la del corazón"* (Romanos 2:29).

El sacrificio ya ha sido hecho. *"Y la misma sangre a la expiación de la persona"* (Levítico 17:11). *"Y sin derramamiento de sangre no se hace remisión"* (Hebreos 9:22).

Ahora, leamos con más detenimiento lo que ocurre espiritualmente con el bautismo bíblico. Recuerde que al agua del bautismo (*mikveh*) se le llamaba el "útero del mundo... un nuevo nacimiento".

Veamos esta conversación entre Jesús y Nicodemo:

> *Había un hombre de los fariseos que se llamaba Nicodemo, un principal entre los judíos. Este vino a Jesús de noche, y le dijo: Rabí, sabemos que has venido de Dios como maestro; porque nadie puede hacer estas señales que tú haces, si no está Dios con él. Respondió Jesús y le dijo: De cierto, de cierto te digo, que el que no naciere de nuevo, no puede ver el reino de Dios. Nicodemo le dijo: ¿Cómo puede un hombre nacer siendo viejo? ¿Puede acaso entrar por segunda vez en el vientre de su madre, y nacer? Respondió Jesús: De cierto, de cierto te digo, que el que no naciere de agua y del Espíritu, no puede entrar en el reino de Dios.*
>
> (Juan 3:1–5)

Jesús, en efecto, estaba diciendo: "A menos que nazcas de nuevo no podrás 'ver', o entender, las cosas del reino de Dios". Después, en el versículo 10, Jesús dijo: *"¿Eres tú maestro de Israel, y no sabes esto?"*. En otras palabras, Nicodemo era un rabino que enseñaba la Palabra de Dios, y debería haber sabido

---

[7]Dr. William Wall, *The History of Infant-Baptism*, vol. 1 (New York: Appleton, 1890), pp. 12, 17. Véase también M. Maimonides, *Issuri Bia*, capítulos 12–14.

la respuesta. Como hemos visto, al hecho de entrar en el *mikveh* (las aguas del bautismo) y volver a salir, en hebreo se le llama "el útero del mundo" y "un nuevo nacimiento". Salir de las aguas del bautismo es una poderosa declaración sobrenatural y una gran parte del nuevo nacimiento espiritual.

Cuando "nacemos de nuevo", no sólo somos perdonados, sino también se rompe toda maldición sobre nuestras vidas. Es un nuevo comienzo.

Acuérdese de las palabras de Pedro el día de Pentecostés: *"Arrepentidos, y bautizarse cada uno de vosotros en el nombre de Jesucristo para perdón de los pecados; y recibiréis el don del Espíritu Santo"* (Hechos 2:38). La palabra *"perdón"* es la forma nominal de *perdonar*, que significa "liberar de la esclavitud o el encarcelamiento; dar el perdón de pecados dejándolos ir como si nunca los hubiera cometido". El bautismo es poderoso. Cuando "nacemos de nuevo", no sólo somos perdonados, sino también se rompe toda maldición sobre nuestras vidas. Es un nuevo comienzo. El bautismo retira el *contrato* y el *contacto* que el enemigo ha puesto sobre su fracaso.

La sabiduría judía enseña que cuando salimos de las aguas del bautismo, se retira el fracaso de nuestras vidas. Jesús le dijo a Juan: "Bautízame". Cuando Jesús salió de esas aguas, las limitaciones del mundo desaparecieron sobrenaturalmente, el Espíritu Santo vino sobre Él, y comenzó su ministerio.

Permítame compartir cómo el bautismo produjo un resultado similar en uno de los miembros de nuestra iglesia. Esta mujer se había apuntado para ir a uno de nuestros viajes a Israel. El año anterior, había tenido que acudir al hospital con síntomas de lo que ella pensó que era un ataque al corazón pero que resultó ser un ataque de ansiedad. Desde entonces, se había sentido avergonzada de que le hubiera podido ocurrir algo así mientras había estado intercediendo en oración por otros en nuestra iglesia. Ella sabía que se había abierto una puerta para permitir que el temor entrara en su vida; sin embargo, no sabía cómo deshacerse de ello. En Israel, me estaba preparando para bautizar a algunas personas en el río Jordán. Habíamos seleccionado un lugar diferente del sitio donde normalmente habíamos hecho bautismos anteriormente. Sentí que esa parte del Jordán era más privada y estaba más ungida, y sabía que Dios tenía algo especial planeado. Estando en la orilla, enseñé que todos tenían que reclamar una liberación completa de cualquier impedimento que pudiera estar operando en sus vidas. Esta mujer vino delante para ser bautizada, y al sumergirla, reclamé la sanidad de la ansiedad, ¡sin ni siquiera saber que ella había estado pasando por ello!

Tras regresar a casa de Israel, recibió una llamada del doctor, diciéndole que las pruebas médicas que le habían hecho antes del viaje habían revelado algo sospechoso. En ese momento, se acordó de cuando le bauticé en el río Jordán, y nuevamente, reclamó su sanidad completa y su libertad de la ansiedad. Después, fue a ver al doctor y le hicieron más pruebas, y todas ellas salieron negativas; ¡fue liberada de toda enfermedad! Después de eso, nos contó que si hubiera afrontado esa misma situación antes de nuestro viaje a Israel, ¡el resultado habría sido diferente! Por medio de ese viaje, la Palabra de Dios fue algo real para ella; especialmente, cómo Jesús había pagado el precio para que ella tuviera una sanidad y libertad completas. Ella sabía que cuando le bauticé, recibió toda la sanidad que Jesús había comprado. Hoy, es libre, sanada y tan llena de gozo que cada vez que la veo sonriente, me recuerda la poderosa provisión de Dios.

El bautismo (*mikveh*) produce una limpieza espiritual de la mente y del espíritu. Los rabinos enseñan que el bautismo hace renacer nuestro espíritu, el cual se debilita a través del contacto con este mundo pero que vuelve a vivir, renace, por medio del agua del *mikveh*.

> *Pero cuando se manifestó la bondad de Dios nuestro Salvador, y su amor para con los hombres, nos salvó,*

> *no por obras de justicia que nosotros hubiéramos hecho, sino por su misericordia,* ***por el lavamiento*** *de la regeneración y por la renovación en el Espíritu Santo.* (Tito 3:4–5, énfasis añadido)

Jesús y Juan el Bautista sabían lo que enseña la Palabra de Dios. Al menos una vez al año, durante el Yom Kipur, cada judío tenía que ser rebautizado, a través de lo cual Dios le daba una *"renovación en el Espíritu Santo"*. Estamos continuamente en contacto con espíritus de negativismo y destrucción. Esta es una de las formas en las que Dios renueva y restaura nuestro espíritu y nuestra mente.

Varias veces al año, Tiz y yo llevamos a cabo una enseñanza de tres días sobre romper la maldición y liberar la bendición. Muchas personas han pasado por batallas y necesitan un "nuevo comienzo" espiritual. Después de un par de días de enseñanza, siempre terminamos el fin de semana con bautismos: un nuevo nacimiento espiritual y un nuevo comienzo.

> *Por esto dejará el hombre a su padre y a su madre, y se unirá a su mujer, y los dos serán una sola carne. Grande es este misterio; mas yo digo esto respecto de Cristo y de la iglesia.* (Efesios 5:31–32)

Este "gran misterio" trataba sobre esposos y esposas pero también sobre Cristo y la iglesia. ¿Cuál era la conexión? Los maridos tienen que amar a sus esposas, aunque eso no es un misterio. Cristo nos ama, lo cual tampoco es un misterio. Tenemos que recordar que Pablo era judío, y estaba compartiendo cosas que no entenderemos a menos que las veamos con ojos judíos. Esta es la clave:

> *Maridos, amad a vuestras mujeres, así como Cristo amó a la iglesia, y se entregó a sí mismo por ella, para* ***santificarla****, habiéndola* ***purificado*** *en el lavamiento del agua por la palabra.*
> (versículos 25–26, énfasis añadido)

Este era un entendimiento extremadamente judío de la nueva vida con Dios de una persona, o de la vida entre un marido y su esposa. En su libro *The New Jewish Wedding* (La nueva boda judía), la autora Anita Diamant dice:

> Todos los convertidos al judaísmo tenían que sumergirse en el mikvah [sic], señalando su nuevo nacimiento como miembros del pueblo de Israel. Algunos judíos, tanto hombres como mujeres, iban a mikvah [sic] como preparación para el Yom Kipur, cuando uno tenía la oportunidad de comenzar el año con un corazón puro. Según el Talmud, la principal fuente de agua es el río que surgía del Edén. Al sumergirse en mikvah [sic], las personas participan de la sanidad del Edén y son nacidas de nuevo.[8]

El *mikveh* también representa la fuente física de vida, "el útero" del que los humanos vienen a este mundo sin que el pecado les toque. Para los novios, el *mikveh* es la transformación de estar soltero a estar casado. Entrar en la *huppah* (la carpa de bodas) es una declaración pública de un cambio de estado; entrar en el *mikveh* (aguas) es una transformación privada. La inmersión crea bebés (vírgenes), así que se puede ver el *mikveh* como la demarcación entre la sexualidad prematrimonial y la del matrimonio.

Dios nos da un nuevo nacimiento, un nuevo espíritu. Volvemos a comenzar, y por el gran amor que nos tiene, Dios nunca se acordará de nuestro pasado.

Para simplificarlo, nuestra antigua vida es limpiada cuando nos arrepentimos y nos bautizamos. Dios nos da un nuevo nacimiento, un nuevo espíritu. Volvemos a comenzar, y por el gran amor que nos tiene, Dios nunca se acordará de nuestro pasado. Lo mismo ocurre con los esposos y las esposas que entran en el agua (*mikveh*) antes

[8]Anita Diamant, *The New Jewish Wedding* (New York: Fireside, 2001), p. 150.

de su matrimonio. Así como Dios nunca se acordará de nuestro pasado, nosotros tenemos que amar a nuestro cónyuge tanto como Dios nos ama, y no tenerle en cuenta su pasado. De hecho, cuando una novia (recuerde, nosotros como cristianos, somos la novia de Cristo) sale del *mikveh*, no se le niega ninguna petición que haga. No se permite que nada interfiera en su felicidad.

La antigua sabiduría judía enseña que (1) cuando usted es bautizado, deja este mundo malvado y entra en un mundo espiritual, (2) usted rompe el contacto con este mundo de impureza y fracaso, y (3) sube a un nivel más alto de conciencia de Dios, un nivel en el que podrá oír su voz con más claridad.

> *Pero aconteció que yendo yo, al llegar cerca de Damasco, como a mediodía, de repente me rodeó mucha luz del cielo; y caí al suelo, y oí una voz que me decía: Saulo, Saulo, ¿por qué me persigues? Yo entonces respondí: ¿Quién eres, Señor? Y me dijo: Yo soy Jesús de Nazaret, a quien tú persigues. Y los que estaban conmigo vieron a la verdad la luz, y se espantaron; pero no entendieron la voz del que hablaba conmigo. Y dije: ¿Qué haré, Señor? Y el Señor me dijo: Levántate, y ve a Damasco, y allí se te dirá todo lo que está ordenado que hagas. Y como yo no veía a causa de la gloria de la luz, llevado de la mano por los que estaban conmigo, llegué a Damasco. Entonces uno llamado Ananías, varón piadoso según la ley, que tenía buen testimonio de todos los judíos que allí moraban, vino a mí, y acercándose, me dijo: Hermano Saulo, recibe la vista. Y yo en aquella misma hora recobré la vista y lo miré. Y él dijo: El Dios de nuestros padres te ha escogido para que conozcas su voluntad, y veas al Justo, y oigas la voz de su boca. Porque serás testigo suyo a todos los hombres, de lo que has visto y oído. Ahora, pues, ¿por qué te detienes? Levántate y bautízate, y lava tus pecados, invocando su nombre.*
>
> (Hechos 22:6–16)

Después de su bautismo, Dios abrió espiritual y físicamente los ojos de Pablo. Esto lo que Jesús le dijo a Nicodemo, diciendo: "Nicodemo, el bautismo *mikveh* no es un ritual; es sobrenatural, y a menos que sepas esto, no podrás ver el reino de Dios". Juan el Bautista bautizó a las personas para prepararlas para ver y reconocer al Mesías cuando viniera. Pedro dijo: *"Recibiréis el don del Espíritu Santo"* (Hechos 2:38). Según la antigua sabiduría judía, para recibir el Espíritu de Dios y estar en la presencia del *shekinah*, debe ser bautizado. Dios ha usado siempre tanto el agua como el Espíritu para producir el nuevo nacimiento.

Nicodemo dijo: *"¿Cómo puede un hombre nacer siendo viejo? ¿Puede acaso entrar por segunda vez en el vientre de su madre, y nacer?"* (Juan 3:4). Parece que Jesús se sorprendió de que Nicodemo no conociera que el *mikveh* también fuera conocido como el "útero del mundo". Respondió: *"De cierto, de cierto te digo, que el que no naciere de agua y del Espíritu, no puede entrar en el reino de Dios"* (versículo 5). Podemos entrar en el reino de Dios ahora cuando nuestros ojos son abiertos y recibimos su Espíritu.

Lea algunos relatos en los que Dios usó su Espíritu y el agua para llevar a cabo un nuevo nacimiento.

> *En el principio creó Dios los cielos y la tierra. Y la tierra estaba desordenada y vacía, y las tinieblas estaban sobre la faz del abismo, y el Espíritu de Dios se movía sobre la faz de las aguas. Y dijo Dios: Sea la luz; y fue la luz. Y vio Dios que la luz era buena; y separó Dios la luz de las tinieblas. Y llamó Dios a la luz Día, y a las tinieblas llamó Noche. Y fue la tarde y la mañana un día... Dijo también Dios: Júntense las aguas que están debajo de los cielos en un lugar, y descúbrase lo seco. Y fue así. Y llamó Dios a lo seco Tierra, y a la reunión de las aguas llamó Mares. Y vio Dios que era bueno.*
>
> (Génesis 1:1–5, 9–10)

Dios llevó al mundo de la oscuridad a la luz por medio de su Espíritu y la reunión de las aguas. También vemos esto cuando Dios sacó a los israelitas de Egipto abriendo el mar Rojo (aguas). Cruzaron al otro lado, y el Espíritu de Dios les guiaba de día y de noche.

Cuando Dios envió el diluvio, puso a Noé y a su familia en el arca, separándoles de las aguas que inundaron el resto del mundo. Cuando terminó Dios, una paloma, símbolo del Espíritu de Dios, se lo hizo saber. Recuerde lo que ocurrió cuando Jesús salió del Jordán tras su bautismo: *"También dio Juan testimonio, diciendo: Vi al Espíritu que descendía del cielo como paloma, y permaneció sobre él"* (Juan 1:32). Ocho semanas después de que Noé viera la paloma, Dios le llevó tanto a él como su familia hasta tierra seca. Ocho es el número que simboliza nuevos comienzos.

En la fiesta de bodas de Caná, Jesús transformó el agua en vino.

> *Al tercer día se hicieron unas bodas en Caná de Galilea; y estaba allí la madre de Jesús. Y fueron también invitados a las bodas Jesús y sus discípulos. Y faltando el vino, la madre de Jesús le dijo: No tienen vino. Jesús le dijo: ¿Qué tienes conmigo, mujer? Aún no ha venido mi hora. Su madre dijo a los que servían: Haced todo lo que os dijere. Y estaban allí seis tinajas de piedra para agua, conforme al rito de la purificación de los judíos, en cada una de las cuales cabían dos o tres cántaros. Jesús les dijo: Llenad estas tinajas de agua. Y las llenaron hasta arriba. Entonces les dijo: Sacad ahora, y llevadlo al maestresala. Y se lo llevaron. Cuando el maestresala probó el agua hecha vino, sin saber él de dónde era, aunque lo sabían los sirvientes que habían sacado el agua, llamó al esposo, y le dijo: Todo hombre sirve primero el buen vino, y cuando ya han bebido mucho, entonces el inferior; mas tú has reservado el buen vino hasta ahora.* (Juan 2:1–10)

Lea lo que Dios le dijo a Israel por medio del profeta Ezequiel:

> *Y yo os tomaré de las naciones, y os recogeré de todas las tierras, y os traeré a vuestro país. Esparciré sobre vosotros agua limpia, y seréis limpiados de todas vuestras inmundicias; y de todos vuestros ídolos os limpiaré. Os daré corazón nuevo, y pondré espíritu nuevo dentro de vosotros; y quitaré de vuestra carne el corazón de piedra, y os daré un corazón de carne. Y pondré dentro de vosotros mi Espíritu, y haré que andéis en mis estatutos, y guardéis mis preceptos, y los pongáis por obra. Habitaréis en la tierra que di a vuestros padres, y vosotros me seréis por pueblo, y yo seré a vosotros por Dios. Y os guardaré de todas vuestras inmundicias; y llamaré al trigo, y lo multiplicaré, y no os daré hambre. Multiplicaré asimismo el fruto de los árboles, y el fruto de los campos, para que nunca más recibáis oprobio de hambre entre las naciones.* (Ezequiel 36:24–30)

En esta profecía, Dios les habló a los israelitas de un tiempo en el que recibirían una provisión milagros en sus vidas. Usó varias imágenes para darse a entender: agua limpia, un nuevo corazón y su Espíritu. Cuando Jesús estaba en la cruz, los soldados atravesaron su costado, y de la herida brotó sangre y agua (véase Juan 19:34).

Bautizarse no sólo es un ritual religioso, sino también un acto sobrenatural. Según el historiador Josefo, hay seis niveles en el bautismo. El nivel más alto, *mikvaot*, es el bautismo en el mismo río Jordán. Muchos creen que el río Jordán es el mismo río que fluía del huerto del Edén en Génesis 2:10. ¿Podría ser esta la razón por la que Eliseo le dijo a Naamán que fuera a lavarse en el Jordán siete veces en 1 Reyes 5:10? ¿Podría ser esta la razón por la que Juan bautizó a Jesús en el Jordán? Nadie lo sabe con certeza, pero lo que yo sé es que cuando obedecemos a Dios, ocurre lo sobrenatural. Hay un renacimiento en nuestro espíritu.

Si alguna vez va a Israel, ¿por qué no bautizarse de nuevo en el río Jordán? Yo sé que Dios le llenaría con una fresca unción de su Espíritu.

> *Porque también Cristo padeció una sola vez por los pecados, el justo por los injustos, para llevarnos a Dios, siendo a la verdad muerto en la carne, pero vivificado en espíritu; en el cual también fue y predicó a los espíritus encarcelados, los que en otro tiempo desobedecieron, cuando una vez esperaba la paciencia de Dios en los días de Noé, mientras se preparaba el arca, en la cual pocas personas, es decir, ocho, fueron salvadas por agua. El bautismo que corresponde a esto ahora nos salva (no quitando las inmundicias de la carne, sino como la aspiración de una buena conciencia hacia Dios) por la resurrección de Jesucristo.*
>
> (1 Pedro 3:18–21)

12

Desvelando el tabernáculo de David

No cabe duda: una de las mayores señales de profecía ha sido el restablecimiento de la nación de Israel, junto con el regreso a la Tierra Prometida del pueblo judío desde todas las partes del mundo. Pero no podía terminar este libro sin hablar sobre otra profecía increíble de la que estamos siendo testigos ahora mismo. La pronunció Amós, y como veremos después, se encuentra también en el libro de los Hechos.

> *En aquel día yo levantaré el tabernáculo caído de David, y cerraré sus portillos y levantaré sus ruinas, y lo edificaré como en el tiempo pasado; para que aquellos sobre los cuales es invocado mi nombre posean el resto de Edom, y a todas las naciones, dice Jehová que hace esto.* (Amós 9:11–12)

En los tiempos de la iglesia primitiva, Dios envió al apóstol Pedro a la casa de un centurión romano llamado Cornelio. Al principio, parecía ser algo de poca transcendencia, pero estaba a punto de cambiar el mundo entero.

> *Había en Cesarea un hombre llamado Cornelio, centurión de la compañía llamada la Italiana, piadoso y temeroso de Dios con toda su casa, y que hacía muchas limosnas al pueblo, y oraba a Dios siempre. Este vio*

> *claramente en una visión, como a la hora novena del día, que un ángel de Dios entraba donde él estaba, y le decía: Cornelio. El, mirándole fijamente, y atemorizado, dijo: ¿Qué es, Señor? Y le dijo: Tus oraciones y tus limosnas han subido para memoria delante de Dios. Envía, pues, ahora hombres a Jope, y haz venir a Simón, el que tiene por sobrenombre Pedro.*
> (Hechos 10:1–5)

Cornelio era un gentil, no era judío. En ese momento en el tiempo, Dios aún no se había movido entre los gentiles. Aún los judíos los veían como inmundos, impíos, y a ojos de algunos, indignos. Después de que Cornelio viera al ángel, envió hombres a Jope para encontrar a Pedro. Al mismo tiempo, Pedro fue a la azotea de la casa para orar, donde tuvo una visión en la que aparecían todo tipo de animales inmundos y oyó una voz que le decía que se los comiera (véase versículos 10–13). Cuando Pedro rehusó, Dios dijo: *"Lo que Dios limpió, no lo llames tu común* [inmundo]*"* (versículo 15).

Los hombres que envió Cornelio encontraron a Pedro. Por causa de su visión, Pedro entendió que los animales "inmundos" que había visto representaban a los gentiles del mundo. Por tanto, Pedro fue con esos hombres hasta Cesarea, a la casa de Cornelio, donde admitió: *"En verdad comprendo que Dios no hace acepción de personas"* (versículo 34). Cuando Pedro estaba declarando esta nueva obra del Señor, Dios derramó de su Espíritu y les dio a los gentiles el don del Espíritu Santo.

> *Mientras aún hablaba Pedro estas palabras, el Espíritu Santo cayó sobre todos los que oían el discurso. Y los fieles de la circuncisión que habían venido con Pedro se quedaron atónitos de que también sobre los gentiles se derramase el don del Espíritu Santo. Porque los oían que hablaban en lenguas, y que magnificaban a Dios.* (Hechos 10:44–46)

Finalmente, surgió una disputa sobre si los gentiles debían incorporarse a las sinagogas y si debían o no de ser circuncidados. Se reunió un consejo de apóstoles y ancianos de Jerusalén para considerar estos asuntos, y Pablo y Bernabé testificaron ante ellos.

> *Entonces toda la multitud calló, y oyeron a Bernabé y a Pablo, que contaban cuán grandes señales y maravillas había hecho Dios por medio de ellos entre los gentiles.* (Hechos 15:12)

Luego, el apóstol Jacobo se dirigió al concilio recordándoles las palabras del profeta Amós.

> *Y cuando ellos callaron, Jacobo respondió diciendo: Varones hermanos, oídme. Simón ha contado cómo Dios visitó por primera vez a los gentiles, para tomar de ellos pueblo para su nombre. Y con esto concuerdan las palabras de los profetas, como está escrito: Después de esto volveré y reedificaré el tabernáculo de David, que está caído; y repararé sus ruinas, y lo volveré a levantar, para que el resto de los hombres busque al Señor, y todos los gentiles, sobre los cuales es invocado mi nombre.* (versículos 13–17)

En este pasaje, Jacobo dijo: *"Simón ha contado cómo Dios visitó por primera vez a los gentiles, para tomar de ellos pueblo para su nombre. Y con esto* ***concuerdan*** *las palabras de los profetas"* (énfasis añadido). La palabra griega traducida como *"concuerdan"* significa "estar en consonancia, armonizar". Como las voces en un coro o los instrumentos en una orquesta, todos están en armonía juntos en este asunto. Jacobo sugirió que esa armonía era la señal profética para "[reedificar] *el tabernáculo de David"*.

Para explicar lo que era el tabernáculo de David, sería mejor establecer lo que no era, o lo que no es. No es una referencia al templo de Salomón, ¡y esta es una distinción importante!

Amós 1:1 dice: *"Las palabras de Amós... que profetizó acerca de Israel en días de Uzías rey de Judá"*. Cuando Uzías era rey de Judá, el templo de Salomón aún estaba intacto en toda su gloria y esplendor. Sus servicios y sacrificios estaban en vigor; por tanto, mientras el templo de Salomón estaba aún en funcionamiento, Dios declaró por medio de su profeta Amós que su propósito era levantar, de nuevo, *"el tabernáculo caído de David"* (Amós 9:11).

Volvamos a leer todo el pasaje:

> *En aquel día yo levantaré el tabernáculo caído de David, y cerraré sus portillos y levantaré sus ruinas, y lo edificaré como en el tiempo pasado; para que aquellos sobre los cuales es invocado mi nombre posean el resto de Edom, y a todas las naciones, dice Jehová que hace esto.* (Amos 9:11–12)

Dios dijo: *"Levantaré el tabernáculo caído de David, y cerraré sus portillos y levantaré sus ruinas"*. Históricamente, el tabernáculo de David no era un edificio, sino una tienda que albergaba el arca del pacto, que representaba la presencia de Dios en la tierra.

> *Fue dado aviso al rey David, diciendo: Jehová ha bendecido la casa de Obed-edom y todo lo que tiene, a causa del arca de Dios. Entonces David fue, y llevó con alegría el arca de Dios de casa de Obed-edom a la ciudad de David... Metieron, pues, el arca de Jehová, y la pusieron en su lugar en medio de una tienda que David le había levantado; y sacrificó David holocaustos y ofrendas de paz delante de Jehová.*
> (2 Samuel 6:12, 17)

En el tiempo del tabernáculo de David, el tabernáculo de Moisés estaba aún en Gabaón, totalmente funcional con sus sacerdotes, sacrificios y otros rituales. Sin embargo, el arca del pacto no estaba allí. La habían capturado los filisteos. David recuperó el arca, pero en lugar de llevarla a Gabaón y ponerla en el tabernáculo de Moisés, siguió las instrucciones de Dios de llevarla a Sión y erigir un nuevo tabernáculo. Así, cuando Amós y Jacobo estaban hablando sobre reconstruir el tabernáculo de David, no estaban hablando sobre una casa física de Dios sino una casa espiritual de Dios. Vemos una señal profética de que eso estaba a punto de ocurrir en Hechos 15 con la inclusión de los gentiles en la iglesia primitiva, y es también lo que estamos viendo ahora en la iglesia final: la pared entre judíos y gentiles derrumbándose.

En el tabernáculo de David ocurrieron tres milagros. El primero, y el más importante, es que no había velo o cortina entre Dios y el hombre. Dios caminaba entre su pueblo con señales, prodigios y milagros. El poder y la unción de Dios eran algo diario, veinticuatro horas al día y siete días por semana. Cuando Jesús, el Mesías, regrese a Jerusalén, Dios establecerá su reino para siempre. Ya no habrá más enfermedad, pobreza o guerras. Habrá paz en Jerusalén, así como en toda la tierra, pero antes de que Dios edifique su tabernáculo físico de David, primero reedificará su tabernáculo espiritual de David. Algunos cristianos llaman a esto la "lluvia tardía", un tiempo en el que Dios se manifestará con señales y maravillas continuamente todos los días. ¿Cómo ocurrirá esto? Ocurrirá en los últimos tiempos así como ocurrió en los días de David y en los días de los Hechos.

Así es cómo ocurrirá: cuando David edificó el tabernáculo en el monte Sión, Dios le dijo dos cosas importantes. En primer lugar, Dios ya no quería sacrificios de sangre sino sacrificio de alabanza.

> *Asimismo dijo David a los principales de los levitas, que designasen de sus hermanos a cantores con instrumentos de música, con salterios y arpas y címbalos, que resonasen y alzasen la voz con alegría.*
>
> (1 Crónicas 15:16)

Muchos, si no la mayoría, de los salmos fueron originalmente canciones proféticas que recibió David en su tabernáculo.

Lo segundo que Dios le dijo a David era que se asegurase de que no hubiera paredes entre los judíos y los gentiles que querían servir al Dios de Abraham, Isaac y Jacob. En efecto, Dios dijo: "Cuando yo vea que no hay paredes que dividan, tampoco permitiré que ninguna pared se levante para impedirles acudir a mí".

Lea de nuevo la historia de Pedro y Cornelio en Hechos 10:1–2: *"Había en Cesarea un hombre llamado Cornelio... piadoso y temeroso de Dios con toda su casa, y que hacía muchas limosnas al pueblo, y oraba a Dios siempre"*. Este fue el comienzo del derramamiento de Dios de su Espíritu. Judíos y gentiles se estaban acercando.

Ahora, esto está volviendo a ocurrir. En la primera iglesia, los judíos derribaron la pared de separación. En la última iglesia, depende de usted y de mí derribar esa pared. Esta es la forma.

> *Por tanto, acordaos de que en otro tiempo vosotros, los gentiles en cuanto a la carne, erais llamados incircuncisión por la llamada circuncisión hecha con mano en la carne. En aquel tiempo estabais sin Cristo, alejados de la ciudadanía de Israel y ajenos a los pactos de la promesa, sin esperanza y sin Dios en el mundo. Pero ahora en Cristo Jesús, vosotros que en otro tiempo estabais lejos, habéis sido hechos cercanos por la sangre de Cristo.* (Efesios 2:11–13)

El apóstol Pablo nos dice que *en otro tiempo* éramos gentiles; *en otro tiempo*, pero no ahora.

> *Así que ya no sois extranjeros ni advenedizos, sino conciudadanos de los santos, y miembros de la familia de Dios.* (versículo 19)

Según Pablo, *"Ya no sois extranjeros ni advenedizos, sino* ***conciudadanos*** *de los santos, y miembros de la familia de Dios".*

A veces tenemos que recordar lo que Pablo dijo en Romanos 11:

Si las primicias son santas, también lo es la masa restante; y si la raíz es santa, también lo son las ramas. Pues si algunas de las ramas fueron desgajadas, y tú, siendo olivo silvestre, has sido injertado en lugar de ellas, y has sido hecho participante de la raíz y de la rica savia del olivo, no te jactes contra las ramas; y si te jactas, sabe que no sustentas tú a la raíz, sino la raíz a ti. (versículos 16–18)

Las primicias, Israel, son santas. Nosotros los gentiles hemos sido injertados; sin embargo, se nos ha advertido que no nos jactemos. Debemos recordar que nosotros (la iglesia, las ramas que han sido injertadas) no sustentamos a la raíz (los judíos, o Israel), sino que la raíz nos sustenta a nosotros.

Porque él es nuestra paz, que de ambos pueblos hizo uno, derribando la pared intermedia de separación, aboliendo en su carne las enemistades, la ley de los mandamientos expresados en ordenanzas, para crear en sí mismo de los dos un solo y nuevo hombre, haciendo la paz. (Efesios 2:14–15)

Esta es la misma profecía que Dios le dio a Amós en los días del templo de Salomón. Es la misma profecía que Dios dio a través de Pedro, Jacobo, Pablo y Bernabé en la iglesia primitiva, y ahora, en estos últimos tiempos, Dios está diciendo: "Aunque eso fue algo muy bueno, tengo algo mejor". Cuando derribemos la pared intermedia, la pared que separa a judíos y gentiles, Dios volverá a derramar de su Espíritu. Volverá a salir de detrás

Cuando derribemos la pared intermedia, la pared que separa a judíos y gentiles, Dios volverá a derramar de su Espíritu. Volverá a salir de detrás del velo y caminará sobrenaturalmente entre su pueblo.

del velo y caminará sobrenaturalmente entre su pueblo. Esto es lo que quiso decir el apóstol Pablo cuando dijo que Dios "[crearía] *en sí mismo de los dos un solo y nuevo hombre, haciendo la paz*". La palabra hebrea para "paz" es *shalom*, que significa que no hay nada que falte o esté roto.

Por eso he escrito este libro. Y por eso Dios ha hecho que usted lo lea.

Estos versículos hacen referencia a lo que se conoce como "el ministerio quíntuple":

> *Y él mismo constituyó a unos,* ***apóstoles****; a otros,* ***profetas****; a otros,* ***evangelistas****; a otros,* ***pastores*** *y* ***maestros****, a fin de perfeccionar a los santos para la obra del ministerio, para la edificación del cuerpo de Cristo, hasta que todos lleguemos a la unidad de la fe y del conocimiento del Hijo de Dios, a un varón perfecto, a la medida de la estatura de la plenitud de Cristo.* (Efesios 4:11–13, énfasis añadido)

¿Por qué sigue Dios usando hoy día el ministerio quíntuple en la tierra? ¿Necesitamos aún apóstoles y profetas? ¿Necesitamos aún evangelistas, pastores y maestros? La respuesta es sí. De hecho, a medida que nos acerquemos más a los últimos tiempos, los necesitaremos más que nunca. Dios está abriendo los ojos de los cristianos a sus raíces judías. Como dio a entender Pablo en el versículo 13, tenemos que añadir a nuestra fe el conocimiento de la Torá, así como el conocimiento de un hombre judío llamado Moisés, un hombre judío llamado Pablo, un hombre judío llamado Pedro y un hombre judío llamado Jesús.

> *Esto, pues, digo y requiero en el Señor: que ya no andéis como los otros gentiles, que andan en la vanidad de su mente, teniendo el entendimiento entenebrecido, ajenos de la vida de Dios por la ignorancia que en ellos hay, por la dureza de su corazón.*
> (versículos 17–18)

Según Pablo, cuando nuestros ojos hayan sido abiertos, y el muro que divide a judíos y gentiles haya sido derribado, ya no caminaremos en tinieblas, estando separados de la vida (*l'chaim*) de Dios. En estos últimos tiempos, usted y yo somos llamados por la voz de Dios a ser el "tabernáculo de David".

En estos últimos tiempos, usted y yo somos llamados por la voz de Dios a ser el "tabernáculo de David".

> *Vosotros también, como piedras vivas, sed edificados como casa espiritual y sacerdocio santo, para ofrecer sacrificios espirituales aceptables a Dios por medio de Jesucristo. Por lo cual también contiene la Escritura: He aquí, pongo en Sion la principal piedra del ángulo, escogida, preciosa; y el que creyere en él, no será avergonzado.* (1 Pedro 2:5–6)

"Reparador de brechas"

Mientras el mundo está viendo las señales proféticas del regreso del Señor, hay un evento importante que también ha de ocurrir. Isaías 58:9–12 (LBLA) profetiza sobre un *"reparador de brechas"*:

> *Entonces invocarás, y el Señor responderá; clamarás, y El dirá: "Heme aquí". Si quitas de en medio de ti el yugo, el amenazar con el dedo y el hablar iniquidad, y si te ofreces al hambriento, y sacias el deseo del afligido, entonces surgirá tu luz en las tinieblas, y tu oscuridad será como el mediodía. Y el Señor te guiará continuamente, saciará tu deseo en los lugares áridos y dará vigor a tus huesos; serás como huerto regado y como manantial cuyas aguas nunca faltan. Y los tuyos reedificarán las ruinas antiguas; levantarás los cimientos de generaciones pasadas, y te llamarán reparador de brechas, restaurador de calles donde habitar.*

Esta es la reparación *"de brechas"*, el derrumbamiento de las paredes que dividen al pueblo de Dios.

Piedras vivas

Nosotros somos "piedras vivas", piedras llenas de la vida de Dios; piedras de gozo y paz, de salud y prosperidad, y de una vida que espiritualmente edificará el tabernáculo de David para que, un día, Dios Padre diga: "Mis hijos han abierto sus ojos, y yo les he desvelado mis secretos. ¡Míralos! Son cabeza y no cola; son lo que siempre quise que fueran, los que prestan y no los que toman prestado, están sólo por encima y no debajo, les he abierto las ventanas del cielo y todo el mundo ahora les dirá bienaventurados".

Los "hijos de milagros" serán tan bendecidos que el mundo volverá corriendo a Dios. Mi oración para usted es que este libro sea una herramienta que Dios use para darle un poco más de conocimiento, y que, en estos últimos tiempos, usted se convierta en uno de los "hijos de milagros" de Dios.

> *Que por revelación me fue declarado el misterio, como antes lo he escrito brevemente, leyendo lo cual podéis entender cuál sea mi conocimiento en el misterio de Cristo, misterio que en otras generaciones no se dio a conocer a los hijos de los hombres, como ahora es revelado a sus santos apóstoles y profetas por el Espíritu: que los gentiles son coherederos y miembros del mismo cuerpo, y copartícipes de la promesa en Cristo Jesús por medio del evangelio... Y de aclarar a todos cuál sea la dispensación del misterio escondido desde los siglos en Dios, que creó todas las cosas; para que la multiforme sabiduría de Dios sea ahora dada a conocer por medio de la iglesia a los principados y potestades en los lugares celestiales.* (Efesios 3:3–6, 9–10)

> *Y si vosotros sois de Cristo, ciertamente linaje de Abraham sois, y herederos según la promesa.*
> (Gálatas 3:29)

Apéndice:
Las ofrendas de los primeros frutos

Tres veces cada año aparecerá todo varón tuyo delante de Jehová tu Dios en el lugar que él escogiere: en la fiesta solemne de los panes sin levadura, y en la fiesta solemne de las semanas, y en la fiesta solemne de los tabernáculos. Y ninguno se presentará delante de Jehová con las manos vacías. (Deuteronomio 16:16)

Siempre que demos a Dios, Él nos bendecirá; pero estas ofrendas son diferentes. Estos tiempos son especiales. Cada una de estas ofrendas produce una cosecha en particular, o bendición, que es liberada desde el cielo para cubrirle tanto usted como a su familia para todo el año. Cuando aprovechamos estos tiempos especiales, Jesús se detiene y abre las ventanas del cielo, diciendo: “Recibe tu bendición. Tu fe te ha salvado”.

Debemos hacer ofrendas especiales (“ofrendas de primicias”) para asegurarnos de que las ventanas del cielo no nos pasen de largo. Son ofrendas que se dan aparte de los diezmos, y las podemos dar para nuestras propias iglesias, o a cualquier otra iglesia o ministerio que celebre las raíces judías de nuestra fe cristiana.

Ofrenda	Aporta	Referencia biblica	Fechas
Ofrenda de la Pascua Durante el segundo día de la Pascua, la fiesta de los Panes sin levadura	Gracia divina, favor y protección de los hombres	Deuteronomio 16:16 Levítico 23:4–8	Anochecer 7/4/2012 26/3/2013 15/4/2014 4/4/2015

Ofrenda	Aporta	Referencia biblica	Fechas
Ofrenda de Pentecostés Cincuenta días después de la Pascua (también llamada Shavuot o fiesta de las Semanas)	Favor económico de Dios, ayuda y equipamiento	Deuteronomio 16:16 Levítico 23:15–25	Anochecer 26/5/2012 14/5/2013 3/6/2014 23/5/2015
Ofrenda de Sucot (también llamada fiesta de los Tabernáculos)	La promesa de que nuestras cosechas echarán raíces profundas y producirán fruto abundante	Deuteronomio 16:16 Levítico 23:33–43	Anochecer 12-19/10/2011 30/9–7/10/2012 18–25/9/2013 8–15/10/2014

Glosario de términos

Aliyah	Específicamente, es ascender o subir. Tradicionalmente usado para referirse a al regreso de los judíos a la tierra de Israel. También, en la sinagoga, se usa para describir a alguien que recibe el gran honor de leer la Torá.
El-Shaddai	Uno de los nombres judaicos de Dios, comúnmente traducido como "Dios Todopoderoso" o "el Dios del más que suficiente".
Gentil	Cualquier persona que no es judía. También se puede referir a un extraño o extranjero.
Jehová-Yiré	En hebreo, "el Señor proveerá". Designación para Dios, pero también se refiere al lugar donde Abraham ofreció a su hijo Isaac en sacrificio antes de que Dios proveyera un cordero para ser sacrificado en su lugar.
Logos	Palabra griega para "la palabra escrita". También parte de la raíz de la palabra de la que obtenemos la palabra *lógica*.
Mezuzá	Una pequeña placa que se pone en la entrada de toda casa judía y que contiene palabras del *Shemá*. Cumple un *mitzváh* de Dios en Deuteronomio 6:9.
Mikvé	Agua usada para el bautismo en el judaísmo que produce una limpieza espiritual de la mente y el espíritu.
Mitzvá	Palabra hebrea para "mandamiento". Se refiere a los mandamientos que Dios nos ha dado. No sólo los Diez Mandamientos, sino también los 613 mitzvás que se encuentran en la Escritura.

Modeh Ani	Forma hebrea para "Reconozco" o "Doy gracias". Una oración judía diaria al despertar y antes de levantarse de la cama.
Pascua	En hebreo, *Pesach*, una fiesta judía anual, o día santo, que recuerda el éxodo de Israel de Egipto y la liberación de la esclavitud. Literalmente se refiere a la plaga que Dios envió a Faraón y que mató a los hijos primogénitos de Egipto. La aplicación judía de la sangre del cordero sobre los dinteles de sus puertas hace que la maldición "pase" de su casa.
Pesach	Véase "Pascua".
Rabino	Palabra hebrea que significa "grande" o "reverenciado", normalmente se refiere a un hombre judío que es un maestro de la Torá. No una ocupación sino un título.
Rhema	Término griego para la Palabra de Dios hecha viva por inspiración del Espíritu Santo.
Rosh Hashanah	Término hebreo para "cabeza del año". Primer día del calendario judío y un periodo de diez días de reflexión y arrepentimiento que conducen a Yom Kipur, el día de la Expiación.
Shabat	*Shabbat* en hebreo, un día de reposo, que comienza al atardecer cada viernes.
Seder	Palabra hebrea para "orden" o "arreglo", pero también se refiere a la comida y ceremonia de la primera y segunda noche de la Pascua.
Shabbat	Véase "Shabat".
Shavuot	Palabra hebrea para "semanas". Denota la fiesta de Pentecostés, o la fiesta de las

Semanas, que celebra cuando Dios le dio a Moisés los primeros cinco libros del Antiguo Testamento en el monte Sinaí.

Shemá — Palabra hebrea para "oír". Primera palabra de la oración diaria judía que dice: "Oye Israel: Jehová nuestro Dios, Jehová uno es" (véase Deuteronomio 6:4).

Sucot — Palabra hebrea, plural para "tienda" o "cabaña". Significa la fiesta de los Tabernáculos, celebrada durante siete días después de Yom Kipur. Un recordatorio de cuando Israel vivía en el desierto en tiendas, y después adoraba en un tabernáculo portátil, un precursor de un templo permanente.

Talit — Un manto de oración que los hombres hebreos visten tradicionalmente como ropa exterior. El borde del talit tiene borlas hechas con hilo azul en sus cuatro esquinas o alas.

Teshuvá — Un concepto judío que conlleva volver a Dios por medio del arrepentimiento. También se refiere a los cuarenta días previos a Yom Kipur, el día de la Expiación.

Torá — Palabra hebrea para "aprendizaje", "instrucción" o "ley". La Palabra o ley de Dios como un camino a la relación con nuestro Padre. También se refiere a los primeros cinco libros del Antiguo Testamento.

Tzedaká — Palabra hebrea comúnmente traducida como "caridad", pero también parte de la raíz de "justicia". Utilizada para referirse a actos de bondad.

Yom Kipur	Término hebreo para día de la Expiación. La más solemne fiesta judía. Durante la adoración en el templo, era el día en que el sumo sacerdote entraba en el Lugar Santísimo para ofrecer un sacrificio que expiaba los pecados de la nación por otro año.

Acerca del autor

Larry Huch es el fundador y pastor principal de DFW New Beginnings [Nuevos comienzos] en Irving, Texas. Fundada en noviembre de 2004, esta iglesia no denominacional se ha convertido rápidamente en una congregación diversa y multiétnica de varios miles de personas. El Pastor Larry y su esposa Tiz, son movidos por un compromiso apasionado por ver a la gente prosperar en cada área de su vida. Esa pasión, junto con su entusiasmo, amor genuino por la gente y su eficaz enseñanza, ha propulsado un ministerio que se extiende ya durante más de treinta años y en dos continentes.

Esa misma energía y compromiso para compartir un mensaje positivo, transformador y basado en la Biblia con el mundo, es el sello del programa de televisión internacional del Pastor Larry, *New Beginnings* [Nuevos comienzos]. Este programa se transmite semanalmente a millones de hogares alrededor del mundo y ha servido para tocar y cambiar las vidas de innumerables personas.

La combinación de humor, un estilo de enseñanza dinámico y un profundo entendimiento de la Biblia son la firma del Pastor Larry, la cual le ha hecho ser alguien muy solicitado en programas de televisión, conferencias y otras formas de medios de comunicación. El Pastor Larry es pionero en el área de romper maldiciones familiares, y ha sido reconocido en el mundo por sus enseñanzas sobre el tema, junto con su libro éxito de ventas, *Libre al Fin.* Sus libros de seguimiento, *10 Maldiciones Que Bloquean la Bendición* y *La Bendición Torá,* también son éxitos de ventas. Como exitoso autor, el Pastor Larry ha sido honrado con los testimonios de miles y miles de personas cuyas vidas han sido impactadas y alteradas para siempre por su testimonio y sus enseñanzas.

El Pastor Larry está totalmente comprometido a unir la brecha existente entre cristianos y judíos y a restaurar la iglesia a sus raíces judeocristianas. Él cree firmemente en el estudio, entendimiento y enseñanza de la Palabra desde una perspectiva judía. Larry tuvo el honor de haber hablado con el Knesset israelí, y ha recibido premios de Knesset Social Welfare Lobby por la generosidad de su ministerio hacia las necesidades de los judíos en Israel.

Los pastores Larry y Tiz son los orgullosos padres de tres maravillosos hijos (y un yerno y una nuera), los cuales están todos activos en el ministerio. Sus tres nietos, los "dulces", ¡son el amor de sus vidas!